FLORIAN REINECKE

Werder Bremen für Klugscheißer

Populäre Irrtümer und andere Wahrheiten

KLARTEXT

BILDNACHWEIS

Adobe Stock: © Delphotostock S. 73 | Werder Bremen Vereinsarchiv: S. 8, 11 | Archiv: S. 18, 34/35 | Trede-Archiv/Nordbild Kaiser: S. 14, 24, 31, 33, 53 | Horstmüller: S. 20, 26, 39, 42, 55 l., 65 u., 72, 78, 99 | Kicker: S. 47, 91 | Sport Bild: S. 75 | firo: S. 81, 89, 90 | Florian Reinecke: S. 4, 96 | imago images: /Artokoloro: S. 7; /Schumann S. 29 u., 41, 43, 51, 55 r., 56 o., 56 Mitte, 59 u., 61, 63 r., 84; 98 o. Mitte/Pressefoto Baumann S. 29 o., 67; /Kicker/Metelmann S. 36, 98 u. Mitte, 98 u. r.; / Stockhoff S. 44, 63 l.; /Fred Joch S. 49; /TheYachtPhoto.com S. 56 (Hintergrund); /Sportfoto Rudel S. 59 o.; /Kicker/Liedel S. 62, 65 o., 99 u. l.; /WEREK S. 65 Mitte, 68, 79, 99 u. r.; / Kicker/Eissner S. 69; / Sven Simon S. 74, 76, 85, 98 o. l.; /Team 2 S. 77, 92 l.; /Thomas Zimmermann S. 83; /ActionPictures S. 86; /Garcia S. 88, 98 o. r., 99 o. Mitte; /Volkmann S. 92 r.; /Martin Hoffmann S. 93; / Nordphoto S. 95; / HochZwei/Angerer S. 97; /Horstmüller: S. 98 u. l., 99 o. l.; /Jaspersen S. 99 u. Mitte

Bibliografische Information der Deutschen Nationalbibliothek
Die Deutsche Nationalbibliothek verzeichnet diese Publikation in der Deutschen Nationalbibliografie; detaillierte bibliografische Daten sind im Internet über http://dnb.dnb.de abrufbar.

IMPRESSUM

1. Auflage April 2021
Layout und Satz: Joachim Bartels
Umschlagfotos: firo sportphoto | imago images: /ActionPictures; /Stockhoff; /Schumann 2; /Ulmer 2; /HochZwei/Szyza; /WEREK
Druck und Bindung: Linsen Druckcenter GmbH, Siemensstr. 12-14, 47533 Kleve

ISBN 978-3-8375-2361-4

KLARTEXT

Jakob Funke Medien Beteiligungs GmbH & Co. KG
Jakob-Funke-Platz 1, 45127 Essen
info@klartext-verlag.de, www.klartext-verlag.de

Inhalt

Der Autor

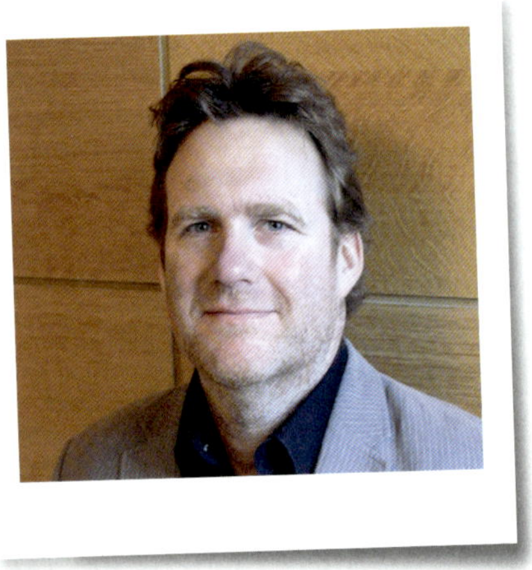

Florian Reinecke,
1979 „ausgerechnet" in Hamburg geboren, lebt als freiberuflicher Sportjournalist in Köln. Sein Spezialgebiet ist die Bundesliga und deren Historie. Neben Publikationen und Online-Liveberichterstattung kommentierte der leidenschaftliche Werder-Fan von 2008 bis 2018 die Bremer Heimspiele für blinde und sehbehinderte Stadionbesucher. Heute macht er regelmäßig Audiodeskriptionen von Sportveranstaltungen und ordnet das Geschehen der Bundesliga wöchentlich im offiziellen ComunioPodcast ein.

Zum Geleit

Ein Werder-Fan in Köln? Das ist Anfang der achtziger Jahre in etwa so exotisch wie Schnee im August. Aber trotz aller Sprüche und Hänseleien in der Schule oder im Fußballverein hatte ich einfach keine Wahl mehr. Seit dem 1. Mai 1984 trage ich die Raute im Herzen. Der SV Werder spielt damals im Halbfinale des DFB-Pokals bei Borussia Mönchengladbach. Da schon um 18 Uhr angepfiffen wird, sitze ich mit knapp fünf Jahren auch vor dem Fernseher. Turbulente 120 Spielminuten später hat Werder 5:4 verloren, ich liege heulend auf dem Boden – und bin Werder-Fan. Das ist keine bewusste Entscheidung, sondern es passiert einfach. Klar, mein Vater kommt aus Bremerhaven und hegt gewisse Sympathien für Werder, aber dieses Gefühl ist einfach so da und begleitet mich bis heute.
Auch wenn man sich derzeit fast in die Zeit der zahlreichen knapp verpassten Titel zurücksehnt – als Kind war das immer wieder traumatisch. 1986 zerbricht am Pfosten im Weserstadion auch mein Herz. Heute befasse ich mich beruflich jeden Tag mit der Bundesliga, aber wenn Bremen spielt, bin ich immer noch Fan – zumindest, wenn ich nicht arbeite. Da wird sich auch nichts mehr dran ändern, ich habe lebenslang grün-weiß.

Populärer Irrtum

Flinke Beine statt starker Arme

Der SV Werder ist ein starker Verein. Das ist meine vielleicht nicht ganz objektive Einschätzung. Ich war aber immer der Meinung, diese Behauptung allein schon aufgrund der Gründungsgeschichte belegen zu können. Schließlich gewannen die Bremer Schüler, die im Februar 1899 den FV Werder gründeten, zuvor einen Fußball beim Tauziehen und brachten anschließend nicht nur den sprichwörtlichen Stein ins Rollen. So kann man es schließlich auch bei Wikipedia nachlesen. Aber stimmt diese Geschichte auch?

Belegt ist, dass am 2. September 1898 in Bremen Jugendspiele stattfanden, an denen auch eine Riege von Schülern der Privat-Realschule von C.W. Debbe teilnahm. Der Legende nach soll diese Gruppe von Söhnen aus wohlhabenden Familien hier beim Tauziehwettbewerb triumphiert und so den „Werder-Fußball" gewonnen haben. Eine wunderbare Geschichte zur Entstehung eines großen Fußballklubs – allerdings wohl eine falsche.

Hans-Joachim Wallenhorst hat für seine Arbeit am Buch „90 Jahre SV Werder" alte Zeitungsarchive durchforstet und dabei auch den Bericht in den Bremer Nachrichten vom 3. September 1898 über die Wettkämpfe am Vortag gefunden. Und da steht: Im Tauziehfinale siegte die Schule an der Lessingstraße über die Realschule von C. W. Debbe. Zur Belohnung gab es laut Zeitungsbericht „frische Eichenkränze und geschmackvolle Diplome", aber keinen Fußball – und schon gar nicht für die Zweitplatzierten.

Es gibt aber deutliche Hinweise, dass ein sportlicher Wettkampf bei der Klubgründung durchaus eine Rolle spielte. Otto Trennert, zwischen 1908 und 1919 mehrfach Präsident des FV Werder, schrieb 1924: „Der ‚Werder' verdankt seine Entstehung einem Stafettenlauf, der von einigen Schülern bestritten und gewonnen wurde, der Siegespreis war ein Fußball." Aber auch dieser Erfolg trug sich nicht am 2. September 1898 zu, denn dort hatten laut Bremer Nachrichten Schüler der Rembertischule die flinkesten Beine.

Wir können aber festhalten: Werders Gründerväter ersprinteten sich irgendwann im Herbst 1898 ihren ersten Fußball. Gesichert ist auch, dass Hermann Kassens

Teil dieser Gruppe war. Sein Vater war der Kuhhirte vom Stadtwerder und auf den dortigen Weiden machten die Jungs ihre ersten fußballerischen Gehversuche. Sie begeisterten sich so sehr für den neuen Sport, dass sie am 4. Februar 1899 auf der Veranda des väterlichen „Local für den Milchverkauf", wo unter der Ladentheke durchaus auch hochprozentigere Flüssigkeiten verkauft wurden, zusammenkamen. Sie gründeten an diesem Tag einen Fußballklub. Und weil sie auf dem Werder (Werder bezeichnet eine Flussinsel) ihrer Leidenschaft nachgingen, entschieden sie sich für den Namen „Fußballverein Werder von 1899", oder kurz: den FV Werder. Aus dem „Local für den Milchverkauf" ist mittlerweile ein Ausflugsrestaurant geworden. Der Name erinnert aber noch an frühere Zeiten auf dem Werder, denn es heißt schlicht: „Der Kuhhirte". Und heute wird hier auch ganz offiziell nicht nur Milch verkauft. Auf den Weiden, wo einst die ersten Werderaner kickten, befindet sich heute die Sportanlage auf dem Stadtwerder, wo unter anderem auch die Quidditch-Mannschaft des ATS Buntentor zu Hause ist. Der Werder ist einfach seit jeher ein magischer Ort!

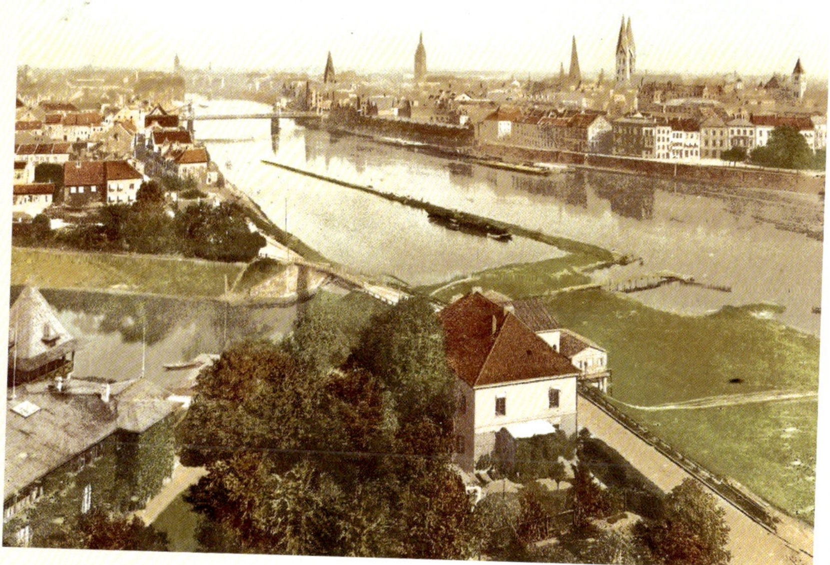

Postkartenmotiv um 1900: Auf diesen Weiden auf dem Stadtwerder liegt die Wiege des SV Werder Bremen.

Ein Statussymbol muss weg

Die Spieler des SV Werder waren gerade in den großen Rehhagel-Zeiten die Herren der Lüfte in der Bundesliga – was auch am Faible von König Otto für großgewachsene Spieler lag. „1,90 Meter kann man nicht lernen", erklärte dieser damals lapidar. Diese Stärke entwickelte sich aber erst im Laufe der Klubhistorie, denn in den Gründungsjahren nutzten die Bremer Spieler den Kopf größtenteils noch zu etwas anderem: Sie trugen wunderschöne Mützen!

Die Werderaner der ersten Stunde kamen schließlich aus wohlhabenden Familien und besuchten höhere Schulen. Diese höhere Bildung war längere Zeit sogar Voraussetzung, um im Verein Mitglied zu werden. Darauf waren die Gründerväter so stolz, dass ihre Schülermützen, die sie als Jugendliche von höherem Rang kennzeichneten, Teil der ersten „Trikotkollektion" von 1899 waren. Das mag vielleicht schick ausgesehen und auch ordentlich Eindruck geschunden haben, aber es war extrem unpraktisch. Vor jedem Kopfball mussten die Mützen abgenommen und anschließend wieder aufgesetzt werden.

Es dauerte dann nicht lange, bis sich der Pragmatismus gegen das Standesbewusstsein durchsetzte und die Mützen bei den Spielern verschwanden. Irgendwie ein wenig schade, denn „Air Riedle" mit Hut wäre auch sehr gut vorstellbar gewesen.

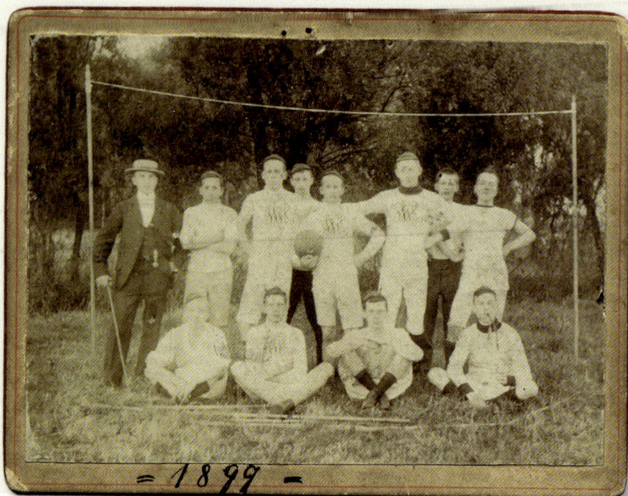

Start mit Mütze: das älteste Mannschaftsbild des FV Werder vom Sommer 1899, aufgenommen im Neuenlander Feld

Mit Schirm, Charme und Apfelsinenkiste

„Schau mal, da kommt ‚DER Torwart'" – aufgeregtes Getuschel geht durch die Gruppe der Heranwachsenden. Bis sich einer traut und ruft: „Hey, Bakker, können wir ein Autogramm haben?" So oder so ähnliche Szenen haben sich in Bremen kurz nach der Wende zum 20. Jahrhundert häufig zugetragen, denn der SV Werder hatte seinen ersten ausländischen Superstar. Der hünenhafte Niederländer Bakker war ein exzellenter Torhüter und lief laut Zeitzeugenberichten immer mit einem Schwarm junger Bewunderer durch die Stadt.

Der Vorname ist leider ebenso wenig überliefert wie die genaue Zeit seiner Vereinszugehörigkeit, dafür aber seine äußerst extravagante Art des Torwartspiels. Bakker brachte sich zu den Spielen immer eine Holzkiste als Sitzgelegenheit mit – und bei schlechtem Wetter sogar einen Regenschirm. „Wenn er bei Regenwetter während des Wettspiels im Tor auf einer Kiste saß und einen Regenschirm über seinem Kopf hielt! – Kam dann der Gegner, kriegte erst die Kiste einen Fußtritt. Auch der Schirm flog nach hinten ins Netz! Nur den Ball brachte der Gegner nicht in den Kasten!", erinnerte sich der ehemalige Werder-Präsident Fritz Düring später an den ersten Bremer Topstar.

Generell sorgten vor allem ausländische Spieler für einen sprunghaften Qualitätsanstieg des SV Werder. Aufgrund der Herkunft als Klub von Kaufmannssöhnen unterhielt man beste Beziehungen zu niederländischen oder englischen Geschäftsleuten, deren Söhne dann wiederum bei Werder kickten. Die niederländischen Brüder Jopie und Cas Wagner bezeichnete Düring später als Lehrmeister des geschickten Kombinationsspiels. Und diese Saat trug schnell Früchte. Nachdem man 1899 noch das erste Aufeinandertreffen mit dem damals übermächtigen Bremer SV gegen dessen zweite Mannschaft mit 9:0 verloren hatte, wurde Werder in der Saison 1902/03 erstmals Bremer Stadtmeister – dank der internationalen Pioniere des Klubs.

Aha! Extra

Der Startrainer und der Diktator

Im Mai 1922 gelingt dem SV Werder ein echter Coup. Zum ersten Mal in der Klubgeschichte wird ein hauptamtlicher Trainer verpflichtet – und das ist direkt ein Mann mit großem Namen. Ferenc Kónya stürmte zehn Jahre lang für Kispesti Budapast, wurde dann dort Trainer, bevor er zum FV Kaiserslautern, dem Vorgängerklub des 1. FC Kaiserslautern, wechselte. Von dort lockt Werder ihn dank eines Sportlehrerfonds, der von wohlhabenden Werder-Mitgliedern gespeist wird, nach Bremen. Der Effekt dieser Anstellung ist enorm. Werder steht Ende des Jahres verlustpunktfrei und mit einem Torverhältnis von 20:3 an der Spitze der Liga. Kónya will, dass seine Mannschaft „schön" spielt und beschreibt, was er damit meint: „Durchdacht und fair und geschickt durchgeführt." Aber der Ungar ist auch der erste Schleifer der Klubgeschichte und lässt die Spieler bei Konditionsübungen ordentlich schwitzen. Vom Resultat ist er zunächst aufgrund der Auswirkungen von „Sauferei und Zigarettenverwüstungen" nicht besonders angetan, aber für damalige Verhältnisse ist Werder vermutlich die fitteste Mannschaft der Liga. Professionell trainiert eilt die Kónya-Truppe von Sieg zu Sieg, aber die Wirtschaftskrise und die damit verbundene Inflation lässt den Sportlehrerfonds zusammenschmelzen. Werder kann den Trainer nicht mehr bezahlen und so verlässt er nach kurzer Zeit den Klub wieder. Insgesamt gerät der Verein durch die katastrophale Wirtschaftlage in eine enorme Schieflage und entscheidet sich für eine einmalige Krisenstrategie. Im Januar 1924 wird Fritz Schlotte, der zuvor schon zwei Mal Präsident war, zum „Diktator" gewählt. Klingt komisch, aber das ist tatsächlich die offizielle Bezeichnung. Die Mitgliederversammlungen sind ausgesetzt und Schlotte trifft nun alle Entscheidungen im Alleingang.

Im Juni 1924 sind die Kassen wieder voll genug, dass er Kónya für kurze Zeit zurückholen kann. Der Ungar hat gerade die Nationalmannschaft Estlands bei den Olympischen Spielen in Paris betreut, aber das war nur ein kurzes Vergnügen. In dem im K.o.-Modus ausgetragenen Turnier scheidet sein Team nach einer

0:1-Niederlage gegen die USA gleich in der ersten Runde aus. Zurück in Bremen bereitet er die Mannschaft auf ein großes Spiel vor: Am 1. August ist der 1. FC Nürnberg zu Gast. Erstmalig wird in diesem Zusammenhang auch über Parkplatzmangel am Osterdeich und völlig überfüllte Straßenbahnen berichtet. Die vielen Zuschauer sind „mit großem Eifer und lebhaften Gebärden" bei der Sache, wie anschließend zu lesen ist. Die späte 0:1-Niederlage wird als große Leistung gefeiert. Kónya hat in Bremen in kurzer Zeit ein Team geformt, das mit der nationalen Spitze zumindest mithalten kann.

Insgesamt arbeitet der Trainer-Pionier nur ein Jahr für Werder, legt aber den Grundstein, dass der Klub in den zwanziger Jahren als die Mannschaft gilt, die den technisch anspruchsvollsten und elegantesten Fußball spielt. Werder etabliert sich als die Nummer 1 in Bremen, was für die weitere Entwicklung enorm wichtig ist. Vor allem hat man aber im Klub gemerkt, wie wichtig ein kompetenter Trainer ist. Kónyas Nachfolger werden von nun an auch über den Sportlehrerfonds des Klubs entlohnt. Es ist der erste Schritt zur Professionalisierung des Klubs.

Ferenc Kónya
(Ausschnitt aus einem Bild mit der Mannschaft des SM Caen 1934)

Aha! Extra

Tiefbraun statt grün-weiß

Es geht in diesem Buch natürlich hauptsächlich um lockere, komische oder verrückte Geschichten, aber das braune Kapitel des Klubs darf man da trotzdem nicht auslassen, denn es ist (leider) Teil der Werder-Geschichte. Um eines direkt vorweg zu sagen: Der Verein kooperiert von Anfang an begeistert mit den neuen Machthabern. Ab dem 14. Mai 1933 gibt es keinen Vorsitzenden mehr, sondern stattdessen einen „Vereinsführer". Dazu gibt es gesetzlich ebenso wenig Anlass wie zur Einführung eines „Dietwarts" ab 1935. Was die Aufgabe eines solchen war? Hans Korengel beschreibt seine Mission in den Vereinsnachrichten so: Jeder Werderaner solle „deutsch denken, deutsch fühlen und deutsch handeln". Nach eigener Aussage verstand er sich als das „völkische und nationalwissenschaftliche Gewissen" – ja, genau, „nationalsozialistisches Gewissen".
Dieses Verhalten ist umso bemerkenswerter, als mit Alfred Ries ein Mann jüdischer Abstammung zuvor eine wichtige Rolle im Verein gespielt hatte und mehrfach Präsident gewesen war. Während sich seine ehemaligen Klubkameraden nun also darauf konzentrieren, deutsch zu denken, verlässt der Ries Bremen. In Jugoslawien übersteht er den Krieg. Seine Eltern werden beide im Winter 1942 im Konzentrationslager Theresienstadt ermordet. Zwei Stolpersteine erinnern an der Schwachhausener Heerstr. 18 heute an Eduard und Rosa Ries.
Den SV Werder ficht das aber nicht an. Im Gegenteil: 1942 ist das sportlich erfolgreichste Jahr des Klubs. Man schafft es in die Zwischenrunde der Deutschen Meisterschaft und ins Halbfinale des Pokals. Das Erfolgsgeheimnis der damaligen Werder-Mannschaft? Präsident Albert Drewes hat gute Verbindungen zur Luftwaffe und sorgt dafür, dass namhafte Fußballer bei der Luftabwehr in Bremen stationiert werden. Deren Arbeitsplatz ist dann aus zweierlei Gründen das Weserstadion, das zu dieser Zeit „Bremer Kampfbahn" heißt: Zum einen spielen sie hier Fußball, zum anderen bedienen sie die Flugabwehrkanonen, die im Stadion installiert sind. Während viele Teams Probleme haben, elf Spieler zusammen zu bekommen, kann Werder sogar dem Gegner aushelfen. Als Arminia Hannover 1941 mit nur neun Akteuren in Bremen ankommt, kicken zwei Bremer bei den Gästen mit. Es werden

vielleicht nicht die besten gewesen sein, denn der SV gewinnt mit 4:1.
Der sportliche Höhenflug endet, als die Lage an der Front sich 1943 für Hitler-Deutschland deutlich verschlechtert. Die fitten Fußballer werden woanders gebraucht, „Abbi" Drewes kann sie nicht in Bremen halten. Der Ligabetrieb wird aber noch bis in den März 1945 fortgesetzt. Und das, obwohl die Geschäftsstelle im August 1944 völlig zerstört wird. Der letzte bekannte Spieltermin ist der 18. März 1945, aber das Spiel gegen den TUS Walle findet nicht mehr statt. Ein Luftangriff kommt dazwischen. Am 27. April kapituliert Bremen-Kommandant Fritz Becker. Sechs Tage vorher hatte er den Aufruf zur Kapitulation noch abgelehnt und aus seinem Bunker den bedingungslosen Kampf um die Stadt befohlen. Es ist offiziell das Ende der Vereinsführer und Dietwarte bei Werder, aber viele der Klubgrößen der Nazizeit spielen auch nach dem Krieg noch große Rollen. Es dauert einige Zeit, bis aus dem braun endlich wieder ein strahlendes grün-weiß wird.

Saison	Liga	Platz
1933/34	Gauliga Niedersachsen	1/10
1934/35	Gauliga Niedersachsen	2/11
1935/36	Gauliga Niedersachsen	1/11
1936/37	Gauliga Niedersachsen	1/10
1937/38	Gauliga Niedersachsen	3/10
1938/39	Gauliga Niedersachsen	4/10
1939/40	Gauliga Niedersachsen-Nord	2/6
1940/41	Gauliga Niedersachsen-Nord	2/6
1941/42	Gauliga Niedersachsen-Nord	1/6
	Finalrunde	1/6
1942/43	Gauliga Weser-Ems	2/10
1943/44	Gauliga Weser-Ems Gruppe Bremen	4/8
1944/45	Gauliga Weser-Ems Gruppe Bremen	abgebrochen

Saisondaten 1933 bis 1945

Aha! Extra

Der geschmuggelte Panther

Hansi Wolff ist der starke Mann bei Werder in den Jahren nach dem Zweiten Weltkrieg. Als Geschäftsführer hat er damals eine Machtfülle inne, wie vermutlich danach kein anderer Verantwortlicher der Klubgeschichte. Nicht von ungefähr wird vom „Hansi Werder vom SV Wolff" gesprochen. Als Sohn eines Pferdehändlers hat er offensichtlich das nötige Rüstzeug mitbekommen, um in den wilden Zeiten der ersten Oberliga-Jahre zu bestehen. Nicht immer bewegt er sich dabei mit beiden Beinen auf dem Boden der Legalität. Das Amateurstatut des DFB umschifft er regelmäßig durch Handgeldzahlung und die Vermittlung von Arbeitsplätzen. Er ist sich aber auch nicht zu schade, sich selbst die Hände schmutzig zu machen, wie die Verpflichtung von Dragomir Ilic zeigt.

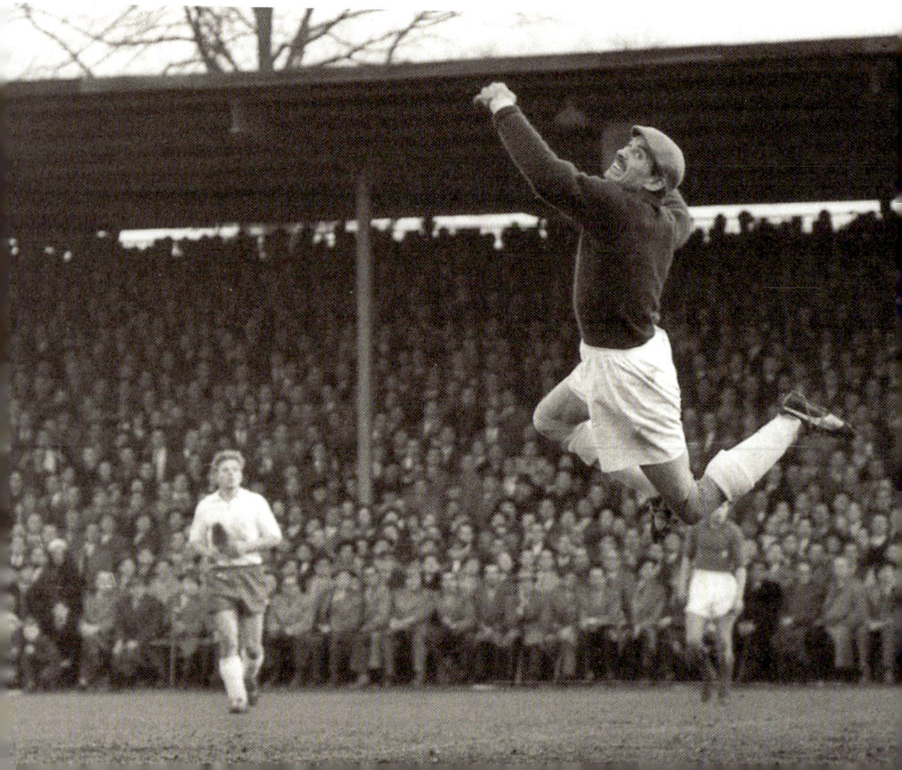

Werder hat im Dezember 1948 ein akutes Torhüter-Problem, denn Stammkeeper Karlheinz Höger folgt seinem Vater nach Peine. Da trifft es sich gut, dass am zweiten Weihnachtsfeiertag 1948 die „Weißen Adler", eine Mannschaft ehemaliger serbischer Kriegsgefangener, zu Gast ist. Der Torhüter Dragomir Ilic sticht Wolff dabei besonders ins Auge und er reist ins Flüchtlingslager in Großenbrode bei Lübeck, um ihn von einem Wechsel nach Bremen zu überzeugen. Dort findet er Ilic zwar vor, aber auch ein Problem: Der hochtalentierte 23-Jährige hat schon bei Großenbrode unterschrieben – oder etwa nicht? Wolff argumentiert, Ilic hätte den Vertrag nicht persönlich unterschrieben – und kommt damit durch. Eigenhändig unterzeichnet der Torhüter bei Werder und gibt keine drei Wochen später bei einem 2:1-Erfolg in Bremerhaven sein Oberliga-Debüt.

Ilic, der wegen seiner enormen Sprungkraft den Spitznamen „Panther" bekommt, verschwindet dann im Juni 1949 nach einem Freundschaftsspiel in Koblenz spurlos. Die Bremer müssen die Heimreise bedröppelt ohne ihren überragenden Keeper antreten. Ilic geht es aber gut und er schickt einem Freund aus Lübeck eine Karte aus Saarbrücken. Dort spielt er für den 1. FC Saarbrücken, der außer Konkurrenz in der französischen Liga teilnimmt.

So schnell gibt Wolff aber nicht auf. Das Problem ist nur, dass das Saarland damals noch eigenständig und eine Einreise nur mit Genehmigung der Militärregierung möglich ist. Darauf will Werders Geschäftsführer nicht warten. Über Kontakte beim 1. FC Kaiserslautern wird er an einen „Schmugglerkönig" vermittelt, der Wolff erst über die Grenze und später mit Ilic im Schlepptau wieder zurückbringt. Drei Tage nach seinem Debüt für Saarbrücken gegen Racing Paris ist Ilic wieder an der Weser – und dort wird er bis zu seinem Tod im Juni 2004 bleiben.

Mit 311 Einsätzen ist der Panther aus Belgrad der Bremer Oberliga-Rekordspieler. Erst 1961 räumt er den Kasten für Heinrich Kokartis. Als sich in der ersten Bundesliga-Saison 1963/64 gleich mehrere Torhüter verletzen, kehrt Ilic noch einmal für vier Spiele ins Werder-Tor zurück – mit „zehn Kilo Übergewicht", wie er selbst sagt. Aber auch die paar mehr Pfunde kann er noch geschmeidig bewegen, denn mit ihm gewinnt Werder drei der vier Partien.

Dragomir Ilic macht seinem Spitznamen im Oberliga-Duell gegen den HSV in der Saison 1959/60 alle Ehre.

Zahlen & Fakten

4 x Deutscher Meister: 1965, 1988, 1993, 2004
7 x Vizemeister: 1968, 1983, 1985, 1986, 1995, 2006, 2008
6 x Pokalsieger: 1961, 1991, 1994, 1999, 2004, 2009
4 x Pokalfinalist: 1989, 1990, 2000, 2010

Europapokal der Pokalsieger: 1992
UEFA-Cup-Finalist: 2009
UEFA-Cup-Halbfinalist: 1988, 1990, 2007
UI-Cup-Sieger: 1998

Meister der 2. Bundesliga Nord: 1981
4 x Supercup-Sieger: 1988, 1993, 1994, 2009 (inoffiziell)
Ligapokalsieger: 2006
Deutscher Hallenmeister: 1989
Kirin-Cup-Sieger: 1982, 1986
Deutscher Amateurmeister: 1966, 1985, 1991

Erfolge

Bremer Trophäenschrank

4x Deutscher Meister	6x Deutscher Pokalsieger	1x Sieger Europapokal der Pokalsieger
Vizemeister 7x	Vize-Pokalsieger 4x	Finalist UEFA-Cup 1x
Supercup-Sieger 4x	Ligapokal-Sieger 1x	Meister 2. Bundesliga-Nord 1x

Wild-West-Flair an der Weser

Erst mit der Einführung der Bundesliga 1963 wurde offiziell der Profistatus für Fußballer eingeführt. Davor gab es den sogenannten Vertragsspieler-Status, der 1949 eingeführt worden war und den ersten Schritt vom Amateur- zum Profisportler markierte. Die Verdienstmöglichkeiten waren überschaubar. Das monatliche Einkommen betrug zunächst 320 DM und wurde später auf 400 DM gesteigert. Das war in den Nachkriegsjahren deutlich mehr, als es sich heute anhört und entsprach in etwa dem Lohn eines Facharbeiters, aber es war dennoch zu wenig, um namhafte Fußballer aus dem ganzen Bundesgebiet einen Wechsel nach Bremen schmackhaft zu machen – zumal diese Regelung ja für alle Klubs gleichermaßen galt.
Die findigen Bremer unter Geschäftsführer Hansi Wolff fanden gemeinsam mit der Zigarettenfabrik „Martin Brinkmann KG" eine Lösung. Neben dem Vertragsspielerstatus erhielten zahlreiche Spieler auch einen Arbeitsvertrag bei der Brinkmann-KG. Inwiefern die Akteure ihren Tätigkeiten als „Propagandist", „Verkaufsfahrer" oder „Vertreter" wirklich nachkamen, wurde nie so genau genommen. So konnten beispielsweise Herbert „Budde" Burdenski vom FC Schalke 04, Hans Pöschl vom 1. FC Nürnberg oder Heinz Rath von den Stuttgarter Kickers verpflichtet werden.
Im Volksmund wurde das Bremer Team aufgrund der Verbindungen mit Brinkmann und einer von der Firma vertriebenen Zigarettenmarke die „Texas-Elf" genannt. Trotz der guten Voraussetzungen blieben die großen Erfolge in der Oberliga Nord zunächst aus. Zu wechselhaft waren die Leistungen des SV Werder, der deshalb noch einen zweiten Beinamen erhielt: die Sphinx des Nordens. Aber auch wenn die großen Erfolge Anfang der 50er Jahre noch ausblieben, wurde durch die Texas-Elf der Grundstein für die Vorherrschaft in Bremen gelegt, der für die weitere Entwicklung des Klubs elementar war.

TEXAS-Zigaretten-Werbung

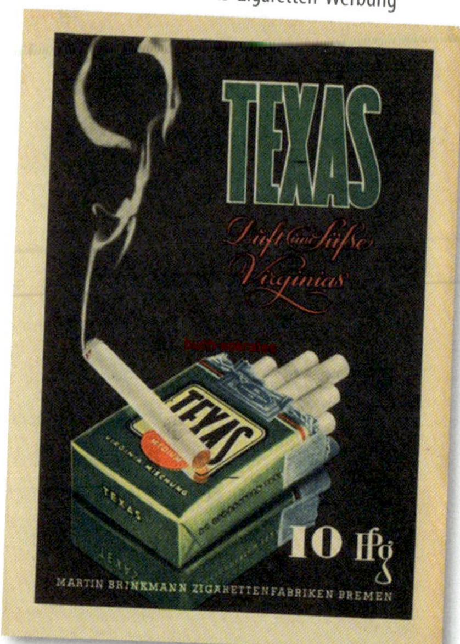

Aha

Der Krümel bleibt dem HSV im Halse stecken

Es ist eines der ikonischen Bilder der Bremer Klubgeschichte: Nachtwey und Schütz tragen Willi Schröder nach dem Pokalfinale 1962 auf Schultern, und der Bremer Kapitän präsentiert strahlend den Tschammer-Pokal – den Vorgänger des DFB-Pokals. Es ist der erste große Titel der Vereinshistorie. „Werder hatte Schröder, 1. FCK keinen Fritz Walter!", titelte der Kicker nach dem Bremer 2:0-Erfolg und lobte Schröder nicht nur wegen seines Tores zum 1:0 als den entscheidenden Mann. Für Schröder war es die Krönung einer langen Karriere bei Werder. Ursprünglich wollte er einst für einen anderen Nordklub spielen, aber der HSV verstand es schon in den fünfziger Jahren, etwas gründlich zu vermasseln.

Eigentlich ist es sowieso ein kleines Wunder, dass Schröder solange beim damals zweitklassigen ATSV Bremen 1860 spielte. Mit dem Klub, zu dem er 1946 als 17-Jähriger von Blau-Weiß 90 Berlin wechselte, wurde er zwar 1951 deutscher Amateurmeister, aber der Aufstieg in die Oberliga gelang nie. Dafür durfte er im selben Jahr in der A-Nationalmannschaft debütieren und war Schlüsselspieler der deutschen Olympia-Auswahl 1952 in Helsinki. Am Ende des Turniers wurde er zum besten Halbstürmer des Turniers gewählt und stach damit sogar einen gewissen Ferenc Puskás aus. Und dennoch blieb er noch ein weiteres Jahr bei 1860, erst im Sommer 1953 wollte er den Klub wechseln – und den konnte sich Schröder damals aussuchen.

Eintracht Braunschweig, der Hamburger SV, Hannover 96 und der SV Werder Bremen lockten den 25-Jährigen jeweils mit einem fünfstelligen Handgeld – was nach DFB-Statuten eigentlich nicht erlaubt, aber dennoch gang und gäbe war. Der HSV legte sogar noch die Übernahme eines Kaffee-Versandhandels oben drauf und bekam vermutlich auch deshalb den Zuschlag. Der Deal flog dann gleich aus zwei Gründen auf: Zum einen hatte Schröder den Vertrag beim HSV bereits am 13. Juni unterschrieben, hätte aber eigentlich bis zum Start der Wechselperiode am 15. Juni warten müssen. Ein klarer Verstoß gegen die Statuten. Zum anderen brachte der junge Mann das Geld ein bisschen sehr schnell unter die Leute, denn ein Bremer Autohaus warb mit einem Plakat mit der Aufschrift: „Dieses Auto kaufte Willi Schröder." Das rief den DFB auf den Plan, der den Vertrag annullierte, dem HSV vier Punkte abzog und Schröder bis zum Jahresende sperrte. Diese Sperre wurde sogar noch verlängert, als Schröder unter falschem Namen ein Testspiel für Racing Strasbourg absolvierte – und wieder erwischt wurde. „Mich hat das anderthalb Jahre meiner guten Zeit gekostet und auch die WM-Teilnahme 1954 in der Schweiz", sagte Schröder später über diese Zeit. So traf er die einzig richtige Entscheidung, blieb in Bremen und unterschrieb bei Werder. Mit Sicherheit ohne die Zahlung von irgendwelchen Handgeldern. Am 9. Januar 1955 debütierte „Krümel", wie Schröder aufgrund seines schmächtigen Körperbaus genannt wurde, in der Oberliga und erzielte gegen Altona 93 sein erstes von insgesamt 129 Oberliga-Toren für Werder. Er war der Schlüsselspieler auf Werders Weg in die Bundesliga – auch wenn er selbst ab 1963 seine Karriere bei Bremerhaven 93 ausklingen ließ.

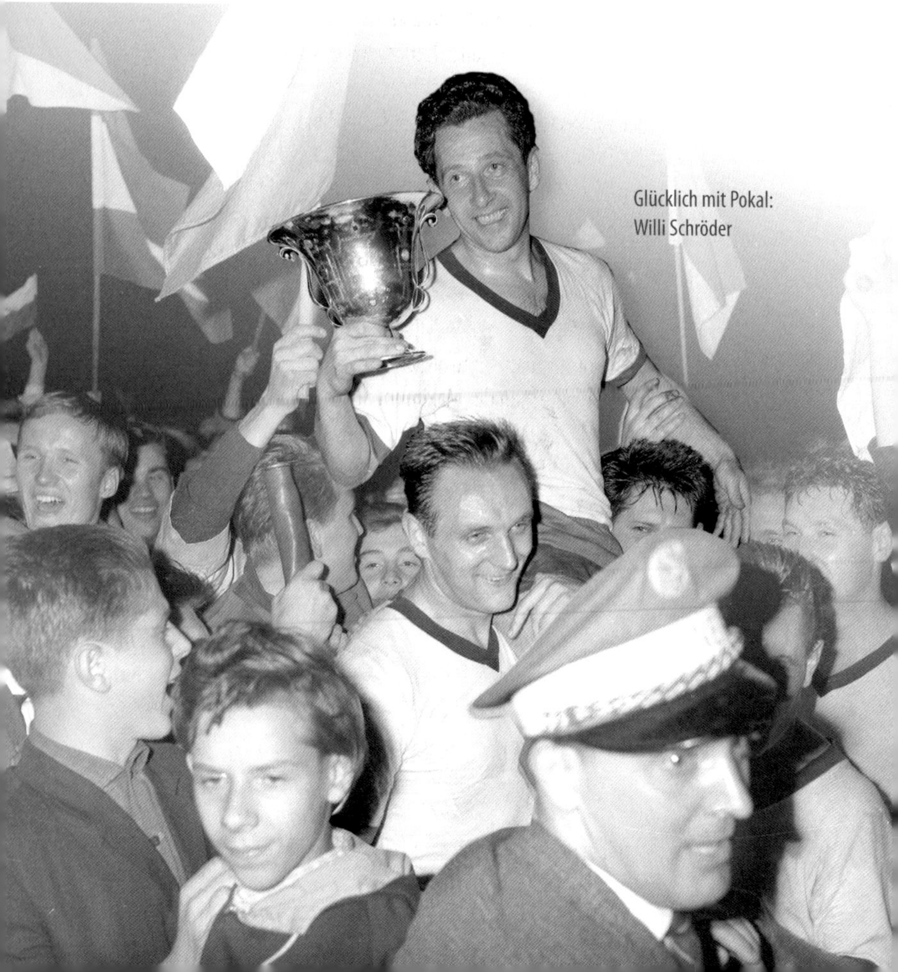

Glücklich mit Pokal:
Willi Schröder

Aha! Extra

Der Halstuchmörder und „Los Rojiblancos"

Ganz Deutschland befand sich im Januar 1962 im Ausnahmezustand. Der sechsteilige Fernsehfilm „Das Halstuch" hielt die ganze Nation in Atem. Das ging sogar so weit, dass Betriebe ihre Nachtschichten herunterfuhren, damit die Mitarbeiter die Serie verfolgen konnten. Laut Wikipedia hat der Begriff „Straßenfeger" seinen Ursprung in dieser Produktion. Der Programmbeirat des Fernsehens schrieb damals über die Wirkung: „Das deutsche Kulturleben ist zum Erliegen gebracht worden."
Der Erfolg dieser Serie brachte Werder in eine unangenehme Situation, denn ausgerechnet am Abend der mit Spannung erwarteten letzten Folge fand das bis dato größte Spiel der Vereinshistorie statt. In der ersten Saison, in der Bremen international spielte, empfing die Mannschaft von Trainer Georg Knöpfle den spanischen Topklub Atlético Madrid. Nicht nur sportlich sollte diese Begegnung ein Highlight werden, sondern auch finanziell wollte man das Maximum herausholen. Schon eine Runde zuvor waren gegen Aarhus GF knapp 20.000 Zuschauer zum ersten Europapokalspiel der Klubhistorie erschienen. Das klingt aus heutiger Sicht enttäuschend, aber zu den Oberligaspielen kamen im Schnitt nicht mehr als 7.000 Fans zu den Heimspielen – und das in einem Stadion, das 40.000 Zuschauer fasste.
An die 40.000 hätte man an diesem Mittwochabend schon gerne empfangen, aber man befürchtete, dass der Halstuchmörder das öffentliche Interesse abwürgen könnte. Um dem entgegen zu wirken, entschloss sich Werder zu einer ungewöhnlichen Maßnahme: Im Vorfeld der Partie wurde damit geworben, dass der Stadionsprecher in der Halbzeitpause die Identität des Halstuchmörders verraten würde. Diese Maßnahme schien zumindest teilweise gefruchtet zu haben, denn etwa 30.000 Zuschauer waren gekommen. Die erfuhren in der Halbzeit dann nicht nur, dass – Achtung Spoiler! – Dieter Borsche der Halstuchmörder war, sondern sahen auch ein richtig gutes Spiel der Bremer, die dem großen Favoriten dank eines späten Treffers von Willi Soya ein 1:1 abtrotzten.

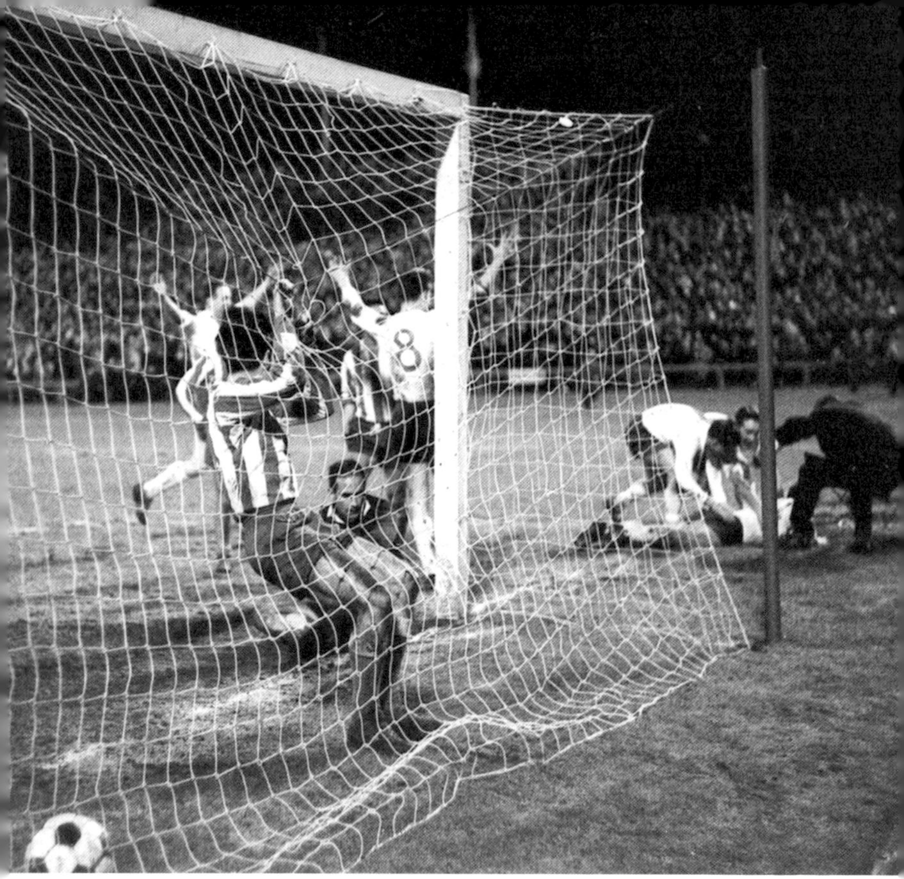

Bremer Freude nach dem Ausgleich

„Man kann es noch nicht glauben: diese vielgerühmte spanische Profimannschaft (...) spielte in Bremen defensiv, wie eine Ziehharmonika. Aber die Musik war nicht toll (...)", schrieb nach dem Spiel das „Sport-Magazin". Vielleicht waren die Spanier aber auch nicht so gut drauf, weil sie von den Werder-Trikots geblendet wurden. Die waren nämlich extra für diese Partie aus Seide angefertigt worden. Dieser feine Zwirn sollte das Flutlicht besser reflektieren und so für bessere Sicht der Zuschauer im Stadion und im Fernsehen sorgen. Leider konnte Werder diesen Effekt bei Europapokalabenden im Weserstadion anschließend einige Jahre nicht mehr austesten.

Aha! Extra

Kein Mittwochsbier mit „Eisenfuß" Schütz

In der langen Geschichte des SV Werder gab es viele großartige Spieler und schillernde Persönlichkeiten, aber einer sticht noch ein wenig heraus: Arnold „Pico" Schütz. Mit 826 Einsätzen für Werder ist er bis heute Rekordspieler des Klubs und wird es vermutlich bis in alle Ewigkeiten bleiben. 1955 wechselte er von TuS Walle zum SVW und blieb dort trotz zahlreicher Angebote bis zu seinem Karriereende 1972.
Mehr als zehn Jahre war er Kapitän – eine Aufgabe, die er sehr ernst nahm. „Als ich 1960 zu Werder wechselte, hat er sich gleich um mich gekümmert. Das hat er mit allen Neuen gemacht, er war als Kapitän immer für sie da", erinnert sich Max Lorenz anlässlich von Picos 80. Geburtstag in der Syker Kreiszeitung. Wobei er vormittags nicht so häufig für seine Mitspieler da war, denn Schütz hat während seiner gesamten Karriere nebenher noch gearbeitet. „Wir haben vormittags trainiert, er war bis mittags im Hafen und kam erst nachmittags dazu. Er hat eindrucksvoll bewiesen, dass es auch mit weniger Training geht", so Lorenz.
Vielleicht ging es bei Pico auch deshalb mit weniger Training, weil er für damalige Verhältnisse einen extrem professionellen Lebenswandel führte. Ab Mittwoch gab es bei ihm keinen Alkohol und keine Zigaretten mehr, damit er am Wochenende topfit war. Und das klappte meist sehr gut: „Ich hatte in Deutschland kaum einen stärkeren Gegenspieler als Pico", erklärte HSV-Legende Uwe Seeler später. Trotzdem schaffte er es nie in die Nationalmannschaft. Der stillere Pico wurde häufig fast ein wenig übersehen. So passt es ins Bild, dass eine seiner Heldengeschichten fast unbekannt und auch nicht bildlich festgehalten ist.
1962 spielte Werder im Viertelfinalrückspiel bei Atlético Madrid. Die Spanier waren die haushohen Favoriten, aber Werder hatte sich im Hinspiel ein 1:1 erkämpft. Werder lag im prall gefüllten Estadio Vicente Calderón relativ früh mit 2:0 zurück, doch in der 39. Minute erzielte Willi Schröder den Anschlusstreffer. Es fehlte noch ein Tor, um zumindest eine Verlängerung zu erzwingen (die Auswärtstorregel wurde erst 1965 eingeführt). Aber dann passierte es: Kurz vor der Pause bricht sich Pico den Knöchel, wie man später feststellt. Damals gab es aber noch keine Auswechslungen und Werder musste entweder in Unterzahl weiter spielen, oder

Pico musste auf die Zähne beißen. Und natürlich kämpfte Pico auch mit geschwollenem Fuß weiter.
„In der Halbzeit haben sie ihm eine Injektion gegeben, den Schuh aufgemacht, dann kam er nachher aber nicht mehr in den Schuh hinein, dann hat man das bandagiert, um den Schuh herum. Pico ist aufgestanden und ist wieder aufgelaufen", schildert Lorenz die Ereignisse in Madrid. Lange durften die Bremer noch von einer Sensation träumen, aber das 3:1 für Atlético sorgte 20 Minuten vor Schluss für die Entscheidung. Vielleicht geriet Picos Heldentat auch deshalb anschließend in Vergessenheit. Es wäre ja ein Anlass für einen neuen Spitznamen gewesen. „Eisenfuß" hätte beispielsweise sehr gut gepasst. Auf der anderen Seite war dieser Ehrentitel dann aber noch frei, als ein gewisser Horst-Dieter Höttges 1964 an die Weser wechselte.

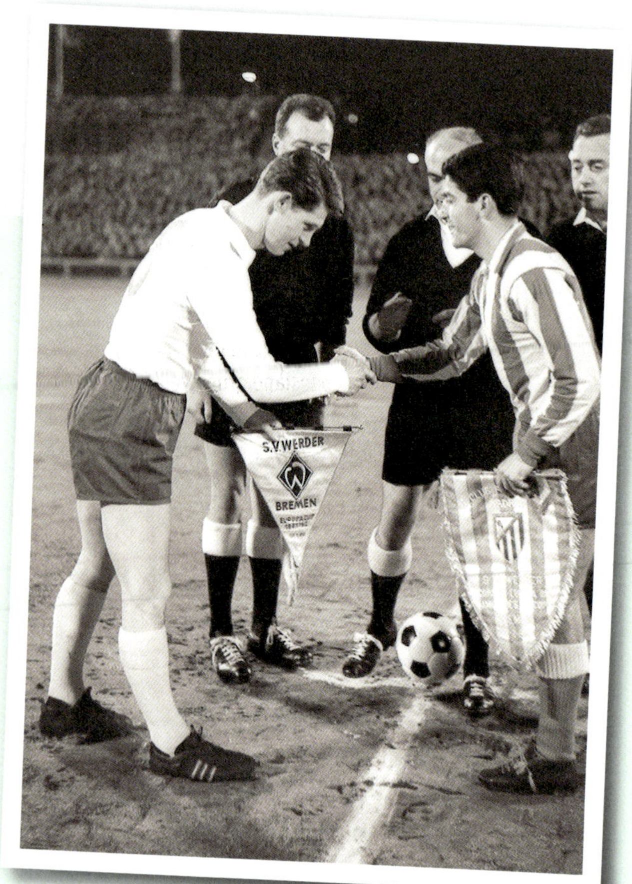

Noch mit zwei gesunden Füßen: Pico Schütz beim Wimpeltausch mit Enrique Collar von Atlético Madrid

Aha! Extra

Der Wolff schnappt sich den Eisenfuß

1964 jagte die halbe Bundesliga Horst-Dieter Höttges. Der 20-Jährige ragte in der zweitklassigen Regionalliga bei Borussia Mönchengladbach heraus und bewies auch in der Juniorennationalmannschaft sein Können. Werder-Manager Hansi Wolff lud Höttges und seinen Bruder zu einem Heimspiel ins Weserstadion ein und versuchte, dem athletischen Verteidiger einen Wechsel schmackhaft zu machen. Aber Wolff war nicht der einzige, der sich um Höttges bemühte. Als Sepp Herberger ihn im Mai 1964 erstmals für die Nationalmannschaft nominierte, baggerte auch Uwe Seeler am jungen Defensivspieler. „Ich fühlte mich sehr geschmeichelt, denn Uwe war ja in diesen Jahren schon ein absolutes Idol", erinnerte sich Höttges in „Lebenslang grün-weiß", der Werder-Chronik von Arnd Zeigler.
Hansi Wolff hatte seinen Ruf als gerissener Manager aber nicht umsonst, denn bevor Höttges in die falschen Hände geraten konnte, holte er ihn am Abend des Länderspiels in Hannover ab und karrte den perplexen zukünftigen Eisenfuß nach Bremen. Das war aber nur eine Zwischenstation, denn Werder-Spieler Sepp Piontek nahm nun den potentiellen Neuzugang unter seine Fittiche. Mit ordentlich Reisegeld von Hansi Wolff in der Tasche machte das zukünftige Herz der Bremer Defensive acht Tage lang Paris unsicher. „Es war eine lupenreine Entführung", befand Höttges.

Nach dem Abenteuer in Paris ging es für Werder auf Nordamerika-Reise. Mit einer dunklen Sonnenbrille als Tarnung saß auch Höttges im Flieger nach New York. Als er zurückkam, war er endlich wirklich Werderaner. Es war vermutlich der wichtigste Transfer auf dem Weg zur sensationellen Meisterschaft 1965. Und der Eisenfuß sollte Werder bis zum Karriereende 1978 die Treue halten.

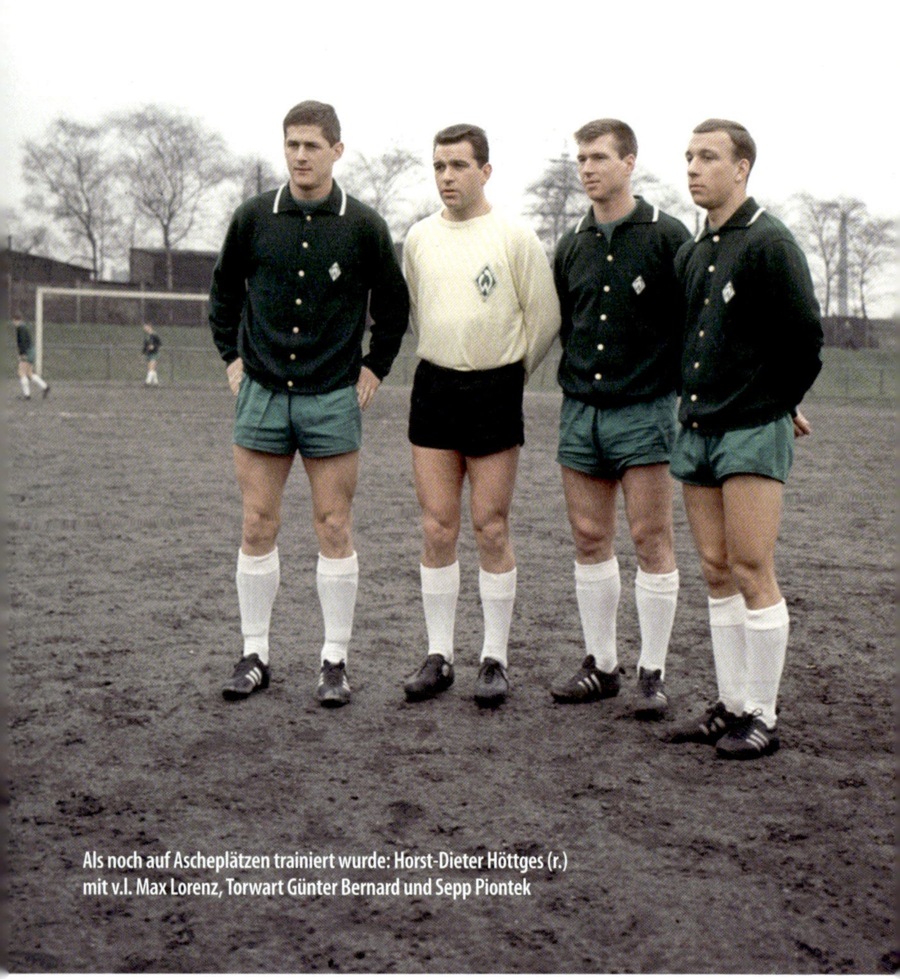

Als noch auf Aascheplätzen trainiert wurde: Horst-Dieter Höttges (r.) mit v.l. Max Lorenz, Torwart Günter Bernard und Sepp Piontek

Populärer Irrtum

Der wahre Kaiser kommt aus Bremen

Ja, Franz Beckenbauer ist Deutschlands Fußball-Kaiser. Da wird vermutlich auch die eine oder andere mysteriöse Million im Zusammenhang mit der WM 2006 nichts mehr dran ändern. Beckenbauer gilt zudem auch als der erste echte Libero Deutschlands, aber das ist falsch. Im Norden war man wieder einmal schneller. Der wahre Kaiser ist Helmut Jagielski.
Am Anfang der Meistersaison 1964/65 steht die Reise zu einem Vorbereitungsturnier in die USA, die in ihrer Bedeutung kaum hoch genug eingeschätzt werden kann. Eine solche Fernreise war in den sechziger Jahren auch für Fußballer etwas ganz Besonderes und in Zeiten von limitierten Verdienstmöglichkeiten und gedeckelten Ablösesummen ein schlagendes Argument bei Spielerverpflichtungen. So befinden sich beim Abflug Richtung New York zwei mit Hut und Sonnenbrille getarnte Spieler an Bord, die eigentlich noch gar nicht Teil des Bremer Teams sind, weil die Wechselperiode noch nicht begonnen hat. Aber diesen Trip wollen sich auch Klaus „Zick-Zack" Matischak und der junge „Eisenfuß" Horst-Dieter Höttges nicht entgehen lassen. Ihre ersten Werder-Verträge unterschreiben die beiden Stars fern von der Weser.
Weit weg von allen neugierigen Augen lässt Trainer „Fischken" Multhaup ein neues System einstudieren, das er sich in der italienischen Profiliga abgeschaut hat. Einer der Mittelfeldspieler soll sich hinter die Manndecker fallenlassen und als freier Mann ohne festen Gegenspieler sowohl Angriffe abfangen, als auch das eigene Offensivspiel ankurbeln. In Italien wird dieser Spieler „Libero" genannt, in Deutschland wird sich dieser Begriff erst später durchsetzen. Multhaup sieht in Helmut Jagielski die perfekte Besetzung für diese neumodische Position und so macht er ihn zum ersten Libero der Bundesliga. Der technisch starke Mittelfeldspieler mit einem Hang zum Leichtsinn ähnelt in seiner Spielweise durchaus Beckenbauer, der den Libero Jahre später zu Weltruhm führt.

Mit einem Turniersieg und einem neuen System im Gepäck kehrt Werder nach Bremen zurück und wird zum ersten Überraschungsmeister der Bundesliga-Geschichte. Vor allem die Abwehr um Libero Jagielski steht exzellent. Mit 29 Gegentoren stellt Werders Meisterteam die beste Defensive der Liga. Die Entscheidung fällt am vorletzten Spieltag: Werder bezwingt Mitkonkurrent Borussia Dortmund mit 3:0. Noch bricht aber kein Jubel aus, weil das Ergebnis aus Köln nicht bekannt ist. Gewinnt der FC nicht, ist Werder aufgrund des deutlich besseren Torquotienten praktisch Deutscher Meister. Stadionsprecher Richard Oßenkop: „1. FC Köln gegen Nürnberg 0:0". Der Jubel ist anschließend riesig und es entsteht das ikonische Meisterbild. Das letzte Spiel in Nürnberg ist jetzt nur noch ein Schaulaufen. Nach einer rauschenden Feier müssen die Werder-Spieler am nächsten Tag noch ein Freundschaftsspiel in der fränkischen Heimat eines Sponsors absolvieren. Nicht alle Spieler sind schon wieder spielfähig. „Helmut Schimeczek musste nach einigen Schritten umdrehen – ihm war so schlecht geworden, dass er sich übergeben musste", erinnert sich Hans Schulz im Buch „Mein SV Werder – die größten Momente". Es ist einer der wenigen unerfreulichen Momente einer fast perfekten Bremer Saison.

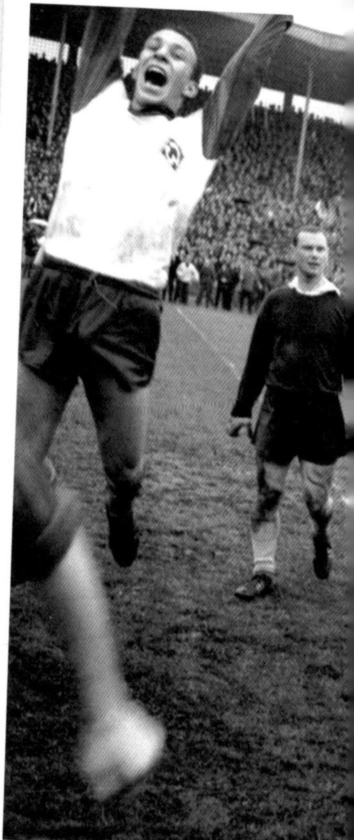

Meister!
Der Bremer Jubel
kennt keine Grenzen.

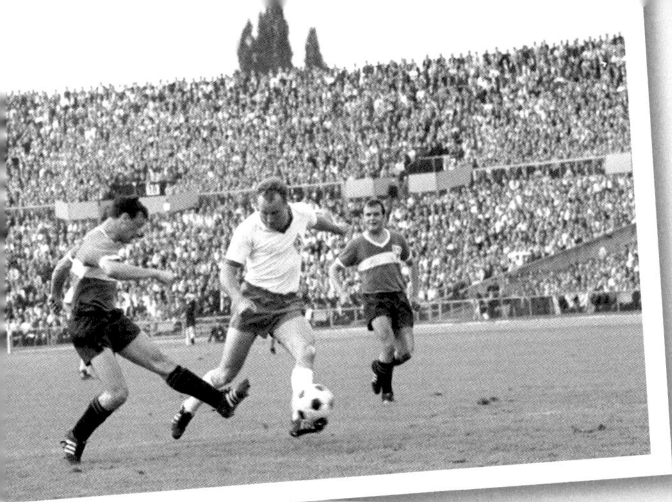

Kaiser
ohne Krone:
Helmut Jagielski
(Mitte)

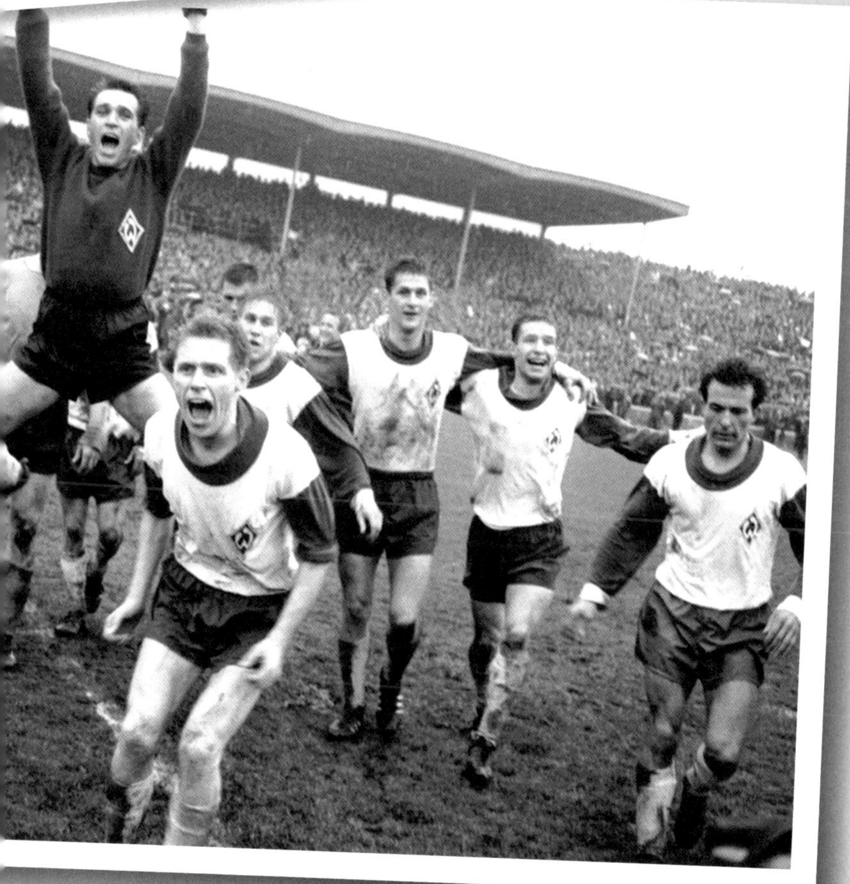

Populärer **Irrtum**

Die Mär vom Meistertipp aus Hamburg

Nach Platz 10 im ersten Bundesliga-Jahr feierte Werder 1965 völlig überraschend die Deutsche Meisterschaft. Niemand hatte das Team von Trainer „Fischken" Multhaup vor der Saison als Titelkandidat auf dem Zettel. Wirklich niemand? Es hält sich hartnäckig die Geschichte, ausgerechnet HSV-Trainer Georg Gawliczek hätte die Bremer vor der Saison als kommenden Meister getippt.
„Einige Tage vor Beginn der Bundesliga-Saison 1964/1965 fragte das Magazin 'Kicker' alle Erstligatrainer, wer ihr Favorit für die Meisterschaft sei. Überwiegend nannten die Übungsleiter mit dem Titelverteidiger 1. FC Köln, 1860 München und Borussia Dortmund die drei Hauptverdächtigen. Nur der Hamburger Trainer Georg Gawliczek, der gerade von Schalke 04 an die Elbe gewechselt war, machte eine Ausnahme: ´Ich tippe auf Werder!`" – so eröffnet der Weserkurier im Mai 2018 seinen Artikel zur ersten Bremer Meisterschaft. Auch im „Kicker" ist diese Version zu finden. Und dennoch stimmt sie nicht.
Im Kicker vom 17. August 1964 wurden tatsächlich alle Trainer zu ihren Meistertipps befragt – nur der Name Werder fällt dabei kein einziges Mal. Gawliczek wird stattdessen zitiert: „Der 1. FC Köln ist für mich Meisterschaftsfavorit, aber Eintracht Frankfurt, VfB Stuttgart, 1860 München sind nicht geringer zu bewerten. Es ist nicht vermessen zu sagen, daß der HSV auch dazu zählen kann." Wie die Legende des Meistertipps aus Hamburg entstanden ist, ist unklar, aber sie ist offensichtlich falsch.
Ein anderer Hamburger erwähnt Werder dann aber doch. Uwe Seeler blickte ebenfalls für den Kicker auf die Saison 1964/65 und nannte Köln als Favorit und 1860 München als seinen Geheimtipp. Bremen und Braunschweig handelte er in einem Abwasch ab: „Ich glaube nicht, daß beide in ernste Schwierigkeiten kommen, sondern zumindest ihren Platz vom Vorjahr verteidigen werden." Und damit hatte Seeler dann ja auch irgendwie Recht.

Premiere im Wohnzimmer des Rivalen

66 Partien hat Werder Bremen im Europapokal der Landesmeister und später in der Champions League absolviert – nur vier deutsche Klubs haben noch mehr Erfahrung im wichtigsten Klubwettbewerb Europas. Nachdem der SVW 1961/62 im Europapokal der Pokalsieger schon die ersten Gehversuche auf internationalem Parkett gemacht hatte, folgte 1965/66 die Premiere im Landesmeisterwettbewerb. In der ersten Runde bekamen es die Bremer mit dem zypriotischen Meister APOEL Nikosia zu tun.

Längere Reisen waren zu der Zeit noch deutlich aufwendiger und die Bremer um den findigen Manager Hans Wolff hätten sich den Trip zum Hinspiel zwischen den Bundesliga-Partien gegen Schalke und 1860 München gerne erspart. Und tatsächlich konnten sie Nikosia dazu bewegen, auf das Heimrecht zu verzichten. Wie viele Nullen die Argumente von Wolff hatten, ist nicht überliefert. In Bremen konnte das Hinspiel laut UEFA-Regularien allerdings nicht durchgeführt werden. Praktischerweise hatte der HSV als Elftplatzierter der Vorsaison unter der Woche keine Verwendung für das Volksparkstadion, so dass Werders erstes Spiel im Landesmeisterwettbewerb dort stattfand. Am Ende stand es 5:0 für Werder. Klaus Matischak hatte das erste Bremer Tor in diesem prestigeträchtigen Wettbewerb erzielt. Und das im Wohnzimmer des ewigen Rivalen.

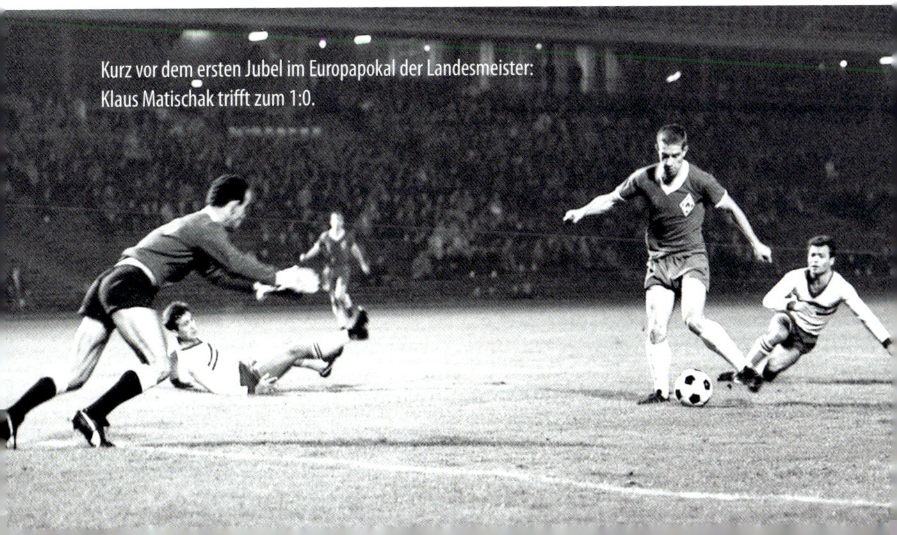

Kurz vor dem ersten Jubel im Europapokal der Landesmeister: Klaus Matischak trifft zum 1:0.

Aha

Ein Faustschlag, Jagdszenen im Weserstadion und ein zahnloser Reporter

Ich habe „Pico" Schütz an anderer Stelle schon als die vermutlich größte Identifikationsfigur der Bremer Klubgeschichte gewürdigt. Zudem galt er als absolut tadelloser und fairer Sportsmann – und zumindest in 825 seiner 826 Spiele für Werder war das auch der Fall. Aber in einer Partie gingen auch dem sonst so besonnenen Pico die Gäule durch.

Es ist der 17. November 1965 und der SV Werder empfängt Partizan Belgrad im Achtelfinale des Europapokals der Landesmeister. Die Stimmung ist schon vor dem Spiel extrem aufgeheizt, denn im Hinspiel war es ordentlich zur Sache gegangen. Die Bremer unterlagen in einem lange engen Spiel mit 3:0. Dabei waren sie von der harten Gangart und auch von der Kulisse in Jugoslawien beeindruckt – was man durchaus nachvollziehen kann, denn das „Sport-Magazin" schrieb anschließend über die Fans in Belgrad: „Sie zündeten ihre Zeitungen und Programme an. Die Ränge verwandelten sich im Handumdrehen in ein Flammenmeer, Tausende von Fackeln hoben sich gegen den nächtlichen Himmel ab."

Werder-Trainer Günter Brocker, der das Hinspiel aufgrund des Todes seines Vaters verpasst hatte, kündigt zuvor schon im NDR an: „Wir werden zwar den Rahmen des Fairplay nicht sprengen, aber bis an die Grenze gehen!" Trotz der klaren Niederlage aus dem Hinspiel machen sich die Bremer noch Hoffnungen auf das Weiterkommen – zumal mit Gerhard Zebrowski ein wichtiger Spieler im Hinspiel gefehlt hatte. Der Bundeswehrsoldat durfte laut NATO-Befehl in keine Länder des Ostblocks einreisen. Pico Schütz nährt mit seinem Treffer nach einer guten halben Stunde diese Hoffnung noch, aber danach läuft vieles gegen Werder. Gleich drei Bremer Toren verwehrt der schottische Schiedsrichter Tom Wharton die Anerkennung. Sowohl die Spieler als auch die 30.000 Zuschauer werden immer wilder. Als der Belgrader Becejac in der 82. Minute Ferner so übel umtritt, dass dieser blutet, brennen bei Pico die Sicherungen durch. Mit einem Faustschlag ins Gesicht rächt der Kapitän seinen Mitspieler. „Ich kann kein Blut sehen", erklärt Schütz später seine harsche

Reaktion. Schiedsrichter Wharton hat alle Mühe, das Handgemenge aufzulösen und zeigt Becejac und Schütz jeweils die Rote Karte.
Der Jugoslawe geht vor Schütz in die Kabine, als Steinmann Pico noch aufstachelt und sagt: „Los, den kriegst du noch!". Und tatsächlich nimmt der wildgewordene Schütz noch die Verfolgung auf, aber Becejac gibt Fersengeld und rettet sich gerade noch in die Gästekabine. Glück für den Mittelfeldspieler, Pech für einen jugoslawischen Reporter, der im Kabinengang mit Pico aneinandergerät. Der ist immer noch auf 180 und schlägt dem Pressemann einen Zahn aus. Nach dem Abpfiff stürmen die Zuschauer das Spielfeld und Schiedsrichter Wharton muss mit Geleitschutz in die Katakomben. Es ist ein unrühmlicher Abgang von der europäischen Bühne, die Werder erst 16 Jahre später wieder betritt. Für Pico bleibt es der einzige Platzverweis in 826 Einsätzen für Werder.

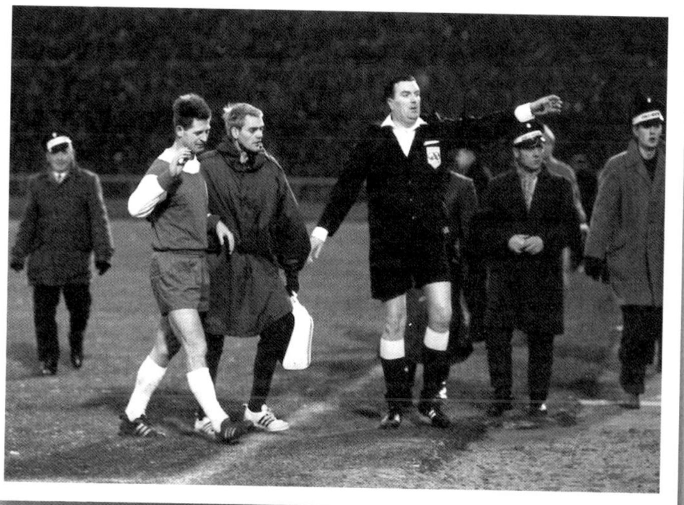

Da geht´s raus: Schiedsrichter Wharton zeigt Pico Schütz den Weg in die Kabine.

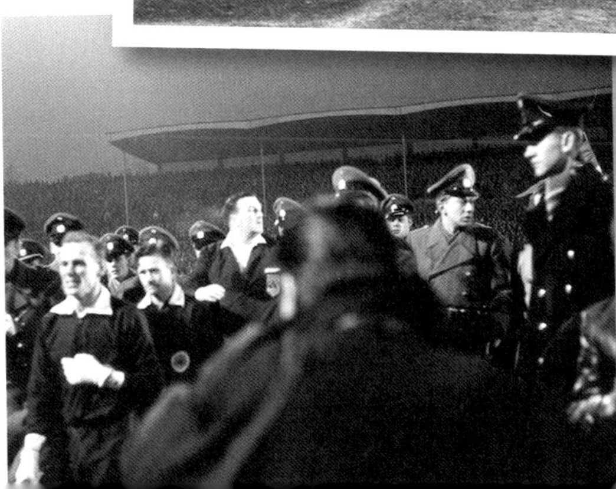

Für Schiedsrichter Wharton wird es nach dem Schlusspfiff eng.

Gut bezahlte Trendsetter

Mittlerweile gehört es fast zum guten Ton, dass nach gewonnenen Titeln im Fußball die Haarpracht dran glauben muss – oder zumindest extravagant hergerichtet wird. Wir erinnern uns an die Double-Mannschaft von 2004, die zum letzten Heimspiel gegen Bayer Leverkusen fast geschlossen mit orange-grünem Schopf aufläuft. Knapp 40 Jahre vorher gibt es die ersten Meisterglatzen der Bundesliga zu bestaunen – und es sind Bremer Köpfe, die ihrer Zeit einmal mehr voraus sind.
Schauplatz ist das nordbayrische Örtchen Lichtenfels, in dem die Bremer einen Tag nach dem Ende der Saison – wie zuvor bereits erwähnt – ein Freundschaftsspiel absolvieren. Auf dem Marktplatz der 12.000-Einwohner-Gemeinde verdienen Max Lorenz und Klaus Matischak dann noch gutes Geld. 1.500 Mark bekommen die beiden jeweils von einem Sponsor, um sich die Haare abrasieren zu lassen.

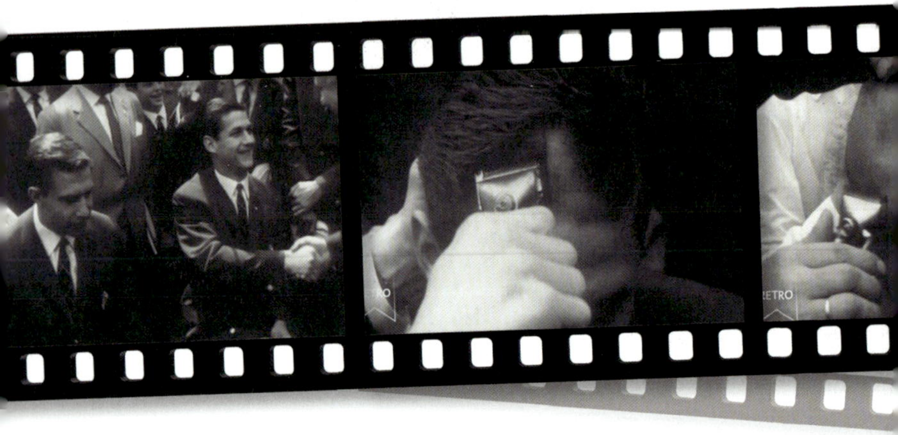

Matischak und Lorenz machen gute Miene zum kahlen Spiel.

Aha! Extra

Hätten sie gekniffen, wären jeweils 500 Mark für die Mannschaftskasse fällig geworden. „Freiwillig eine Glatze? So etwas gab es nicht", erinnert sich Lorenz später. Es ist dann aber kein Frisör, sondern der Wachtmeister von Lichtenfels, der den Rasierer zur Hand nimmt. Dementsprechend gerupft sehen die beiden Werder-Stars anschließend aus. Lorenz trägt deshalb Hut und Matischak organisiert sich für die Ankunft in Bremen sogar eine Perücke, aber die Mühe ist vergebens. Obwohl das Internet noch Zukunftsmusik ist, hat sich die neue Frisur der beiden wie ein Lauffeuer herumgesprochen. „Nehmen Sie doch mal die Perücke ab!", wird Matischak vom Radio Bremen-Reporter am Bahnhof begrüßt. „Woher wissen Sie das?", entgegnet der Torjäger entgeistert. Aber nicht nur das Fernsehen ist informiert. Die zahlreichen Fans skandieren immer wieder „Hut ab, Hut ab!" – und bekommen so die ersten Meisterglatzen der Bundesliga zu sehen.

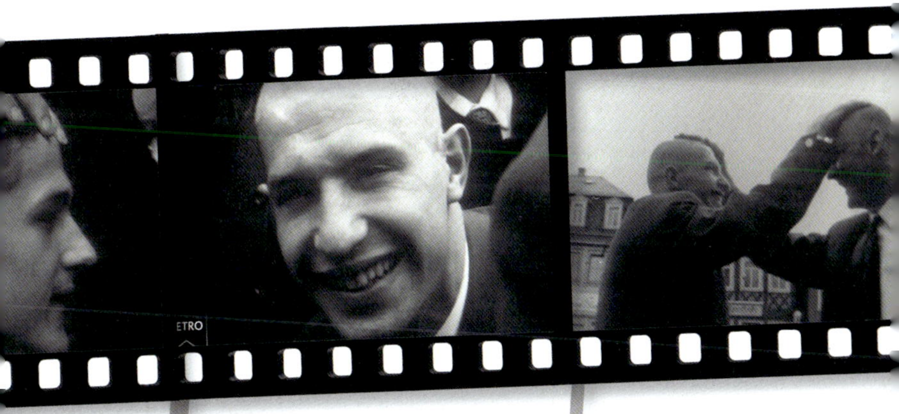

Die Pfunde vom Goldstrand

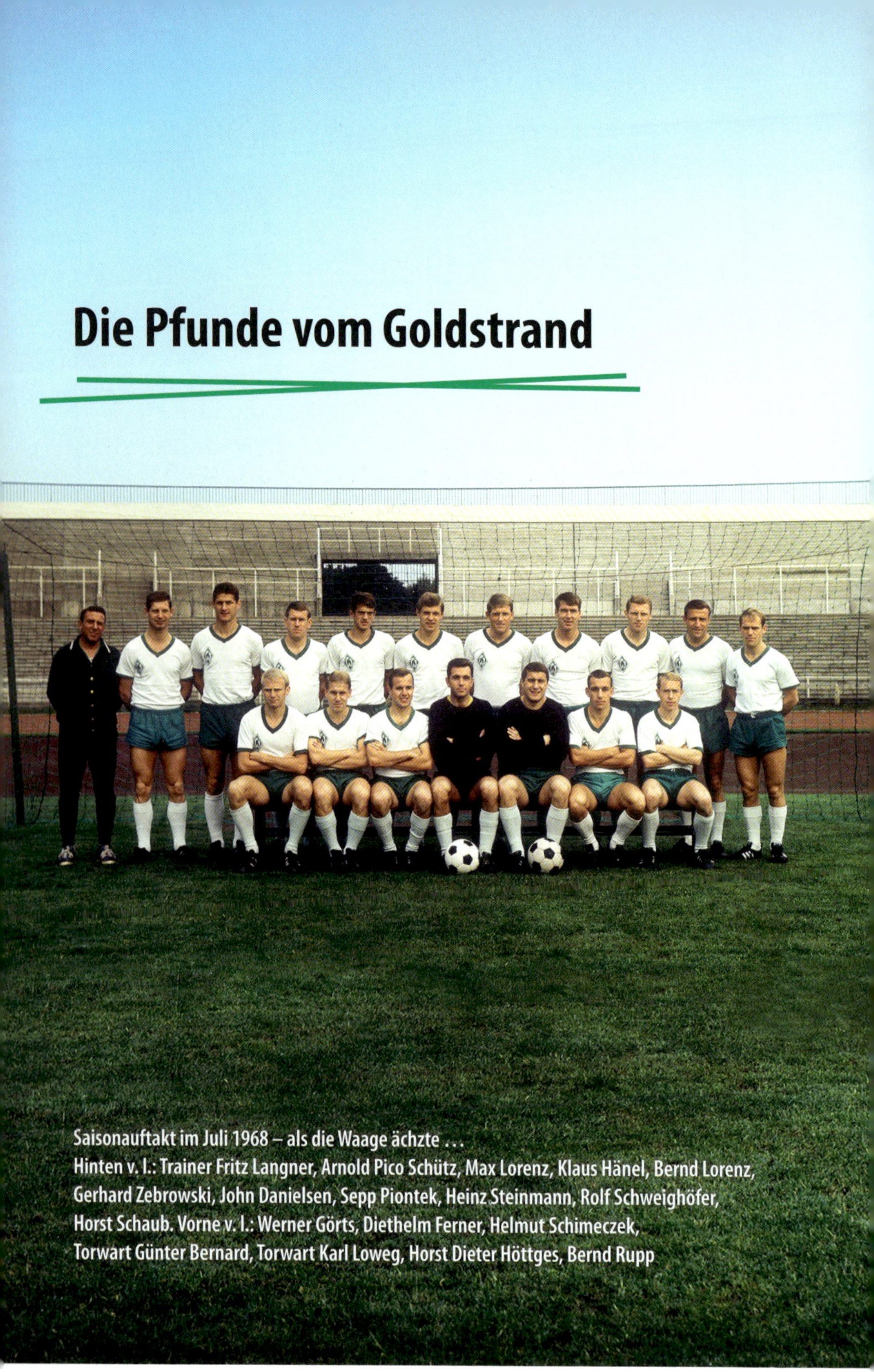

Saisonauftakt im Juli 1968 – als die Waage ächzte …
Hinten v. l.: Trainer Fritz Langner, Arnold Pico Schütz, Max Lorenz, Klaus Hänel, Bernd Lorenz, Gerhard Zebrowski, John Danielsen, Sepp Piontek, Heinz Steinmann, Rolf Schweighöfer, Horst Schaub. Vorne v. l.: Werner Görts, Diethelm Ferner, Helmut Schimeczek, Torwart Günter Bernard, Torwart Karl Loweg, Horst Dieter Höttges, Bernd Rupp

Aha! Extra

Einer der spannendsten Momente im Leben eines Fußballprofis ist der Gang auf die Waage nach der Sommerpause. Das galt früher noch umso mehr, als die Spieler zum einen länger frei hatten und sie zum anderen ohne individuelle Trainingspläne in den Urlaub entlassen wurden. Da war die Eigenverantwortung der Spieler gefragt – und das hat nicht immer so gut funktioniert.
Im Sommer 1968 ließen es sich einige Werder-Profis dann sechs Wochen lang am Goldstrand von Bulgarien so gut gehen, dass ihr Trainer Fritz Langner empört den Weg in die Öffentlichkeit suchte. Er beschwerte sich, dass einige Kicker „überladen" und mit „pausbäckigen Gesichtern" wieder in Bremen ankamen. „Ich traute zunächst meinen Augen nicht", so Langner damals, der ganz klar stellte, was er von seinen Spielern während des Urlaubs erwartete: „Sie müssen auch in dieser Zeit, oder gerade dann, auf ihr Gewicht achten. Sie können nicht einfach alles in sich hineintrinken und -essen. Und das haben leider einige meiner Spieler getan."
Um welche Werder-Akteure es sich bei den exzessiven Urlaubern handelte, wollte Langner nicht erzählen, aber er verriet, was er seinen Lebemännern mitgegeben hat. „Ich werde in unregelmäßigen Abständen zu später Stunde einmal bei Ihnen vorbeischauen, ob sie auch so leben, wie es sich für Lizenzfußballer gehört", kündigte Langner an. Insgesamt brauchte Werder in dem Jahr lange, um auf Touren zu kommen. Nach 13 Spieltagen stand Bremen auf Rang 17 – nie zuvor seit Gründung der Bundesliga lag Werder so spät in der Saison auf einem Abstiegsplatz. Spätestens danach waren aber die Pfunde vom Goldstrand runter, denn aus den restlichen 21 Partien holte die Langner-Truppe die zweitmeisten Punkte der Liga. Mehr als Rang neun war dann aufgrund des verkorksten Starts nicht drin. Wer weiß, was in diesem Jahr möglich gewesen wäre, hätten es einige Bremer im Sommer nicht so übertrieben.

Der Trainer, der in der Pause verschwand

Werder gilt gemeinhin als familiär geführter Verein, bei dem ruhig gearbeitet wird. Die großen Schlagzeilen überlässt man traditionell eher anderen Klubs (viele Grüße nach Hamburg). Und dennoch gab es in Bremen eine der kuriosesten Trainer-Possen der Bundesliga-Historie, die Ende der sechziger Jahre aber kaum große Schlagzeilen produzierte.

Es war der 34. Spieltag der Saison 1968/69. Werder war als Vizemeister in die Spielzeit gestartet, schaffte aber erst am 33. Spieltag durch einen 3:0-Erfolg bei Kickers Offenbach den Klassenerhalt. Mönchengladbach war im Weserstadion zu Gast und es ging für beide Teams nur noch um die berühmte goldene Ananas. Es entwickelte sich ein packendes Spiel, das aber nicht wegen des Bremer 6:5-Sieges, sondern wegen eines Wechsels auf der Trainerbank in die Geschichte einging. Werder-Trainer Fritz Langner kehrte nach der Pause nicht mehr auf seinen Platz zurück. Stattdessen betreute Richard „Sense" Ackerschott das Team in der zweiten Halbzeit. Langner hatte das Weserstadion bereits verlassen und befand sich auf dem Weg zum Flughafen. Von dort ging es nach München, wo er mit seinem zukünftigen Verein 1860 verhandelte. Ein Vorgang, der wohl einmalig in der Bundesliga-Geschichte ist.

Große Wellen hat die Aktion damals nicht geschlagen – und das lag nicht daran, dass man versucht hätte, den wahren Grund für Langners Verschwinden zu vertuschen. Was heute ein riesiges Medien-Echo nach sich gezogen hätte, war 1969 nur eine Randnotiz. Ganz am Ende des Spielberichts im Kicker vom 9.6.1969 taucht diese Stelle auf: „Und Richard Ackerschott, der nach der Pause das Kommando von Fritz Langner übernahm, denn Langner war schon auf dem Weg zu seinem wahrscheinlich neuen Verein 1860 München …"

Viel Porzellan hat Langner mit diesem ungewöhnlichen Abflug in Bremen aber nicht zerschlagen, denn er kehrte später noch zwei Mal an die Weser zurück.

Fritz Langner beim Interview mit Reporter Heribert Faßbender, September 1968

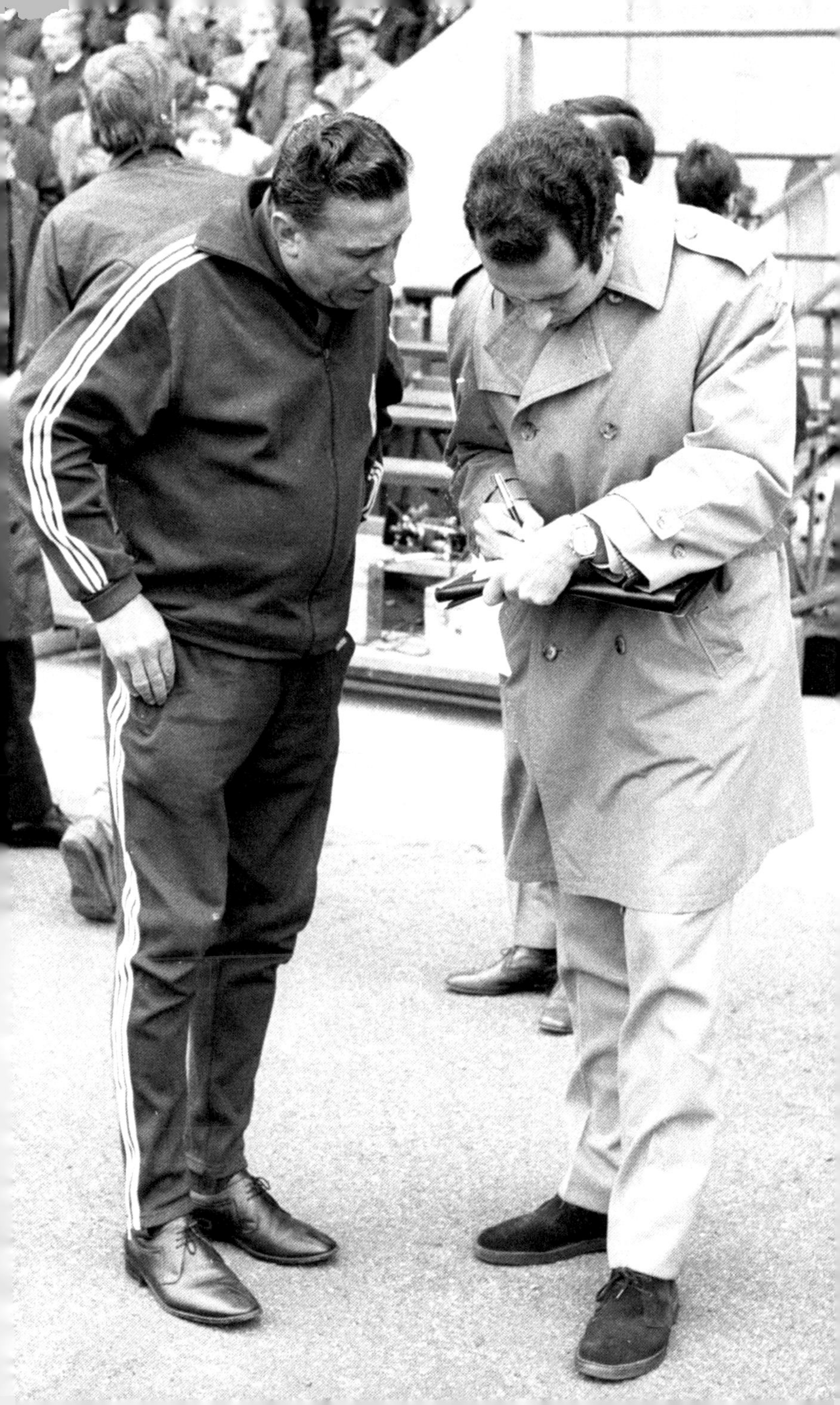

Aha

SV Werder Bremen – eine Zeitreise

1899–1967

1899

Am 10. September kommt es gegen den „Allgemeinen Bremer Sportclub von 1898" zum ersten Spiel der Klubgeschichte. Werder gewinnt mit 1:0. Der spätere Vorsitzende Otto Trennert beschreibt das historische erste Tor, erzielt von Hermann Kassens, sehr detailliert: „Es gelang diesem, bei einem rasenden Lauf auf das feindliche Tor vier Gegner, die sich ihm in den Weg stellten, umzurennen und den Ball ins Tor zu befördern, welche Heldentat von uns ca. 8 Werderanern, die mit ca. 10 Anhängern der Gegenpartei die gesamte Zuschauermasse bildeten, mit furchtbarem Freudengebrüll begrüßt wurde … ."

1901

Bei der Gründung sind die Farben des FV Werder zunächst grün-rot. Es dauert aber nicht lange, bis sich die Mitglieder anders besinnen. Ab 1901 ist Werder grün-weiß. Die groß-karierten Trikots bleiben lange das Markenzeichen der neuen Kraft im Bremer Fußball.

1903

Nur vier Jahre nach der Gründung ist der FV Werder dank der Impulse aus England und den Niederlanden die Nummer 1 in Bremen. Drei Spielklassen gibt es mittlerweile allein in Bremen und in allen drei wird eine Werder-Mannschaft Meister.

1919

Aus dem Fußballverein wird der Sportverein Werder und damit aus dem FVW der SVW. Auch eine Damenabteilung wird gegründet. Es etablieren sich Sportarten wie Leichtathletik, Handball oder Tennis.

1930

1926 wird die ABTS-Kampfbahn, der Vorgänger des Weserstadions, eingeweiht. Schon Ende der 20er Jahre trägt Werder seine wichtigen Spiele dort aus. Ab dem 1. Februar 1930 ist der SVW dann auch offiziell Pächter und Partner des „Weser-Stadion e. V.".

1933 bis 1945

Werder schaltet sich freiwillig gleich und hat ab Mai 1933 keinen Vorsitzenden mehr, sondern einen Vereinsführer. Ab 1934 dürfen Juden keine Mitglieder mehr im Verein sein (ausführlicher ab Seite 13).

1959 bis 1963

Werder wird 1959 erstmals Vizemeister der Oberliga Nord und nimmt an den Spielen zur Deutschen Meisterschaft teil. Gleich vier Mal in Serie belegt man hinter dem HSV den zweiten Platz. 1960 fehlt nur ein Punkt in der Meisterschaftsendrunde zum Einzug ins Endspiel um die Meisterschaft. Den ersten Titel gibt es dann 1961: Bremen wird erstmals Pokalsieger.

1964

Der 1. FC Köln krönt sich mit Geißbock Hennes zum ersten Deutschen Meister der Bundesliga-Geschichte. Das inspiriert den Fleischer Heino Geffken. Für 40 Mark erwirbt er einen Heidschnuckenbock und spendet ihn dem SV Werder als Maskottchen. Das Tier wird „Pico" getauft und verfehlt seine Wirkung nicht: Werder wird in der ersten Saison mit Maskottchen Deutscher Meister. Bis in die achtziger Jahre hinein begleiten „Pico" und seine behuften Nachfolger das Bremer Team, bis die Tradition eingestampft wird.

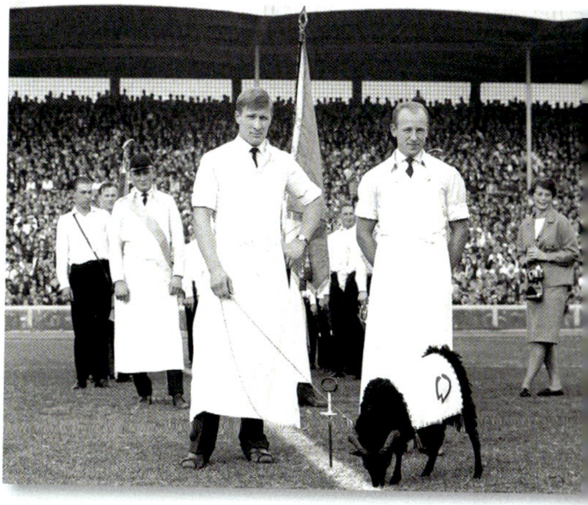

Heino Geffken (l.), Bremer Fan-Urgestein, mit Ziegenbock Pico bei der Saisoneröffnung 1966/1967

1967

Nach drei Niederlagen und 13 Gegentoren steht Werder nach dem 3. Spieltag der Saison 1967/68 auf einem Abstiegsplatz. Trainer Günter Brocker muss gehen. Es ist die erste Trainerentlassung der Bremer Bundesliga-Geschichte. Fritz Langner übernimmt und führt Bremen noch zur Vize-Meisterschaft.

Aha

1970–1987

1970

Dieses Jahr markiert eine Zeitenwende im Verein. Dr. Franz Böhmert wird neuer Präsident, Klaus-Dieter Fischer 3. Vorsitzender. Im Duo prägen diese beiden das Klubgeschehen über Jahrzehnte. Außerdem wechseln in diesem Jahr zwei Spieler an die Weser, die noch Geschichte schreiben sollten: Karl-Heinz Kamp und Rudi Assauer.

1972

Sepp Piontek ist in der Saison 1971/72 sowohl als Spieler als auch als Trainer für Werder im Einsatz – einmalig in der Bremer- und vermutlich auch der Bundesliga-Geschichte.

1976

Nach der wenig erfolgreichen Millionen-Elf mit den Speckflaggen-Trikots folgt der erste „echte" Trikotsponsor. Passend zum Ruf der „Fischköppe" wird der Fisch-Feinkost-Hersteller „Norda" neuer Partner und verdrängt selbst das Wappen vom Trikot. Aber nicht nur das: Um sich der Firmenfarbe anzupassen, laufen die Bremer zudem in blau-weiß auf. Kein Wunder, dass der Erfolg ausbleibt.

1980

Die lange Abwärtsspirale endet mit dem einzigen Bundesliga-Abstieg der Klubgeschichte.

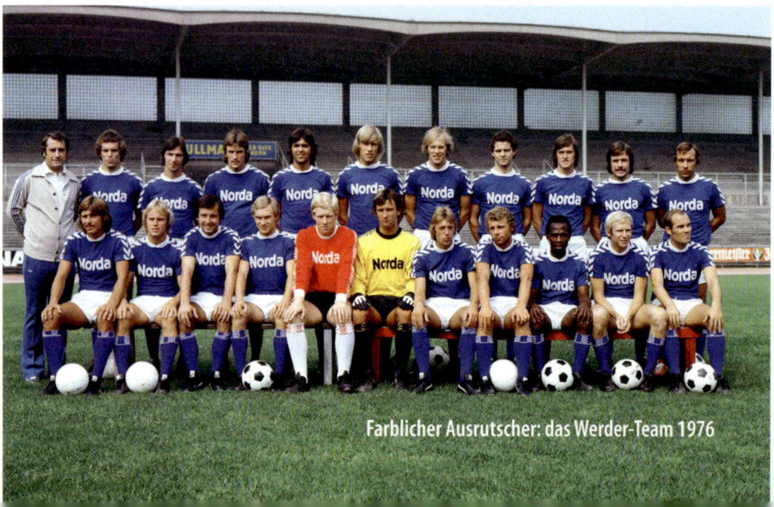

Farblicher Ausrutscher: das Werder-Team 1976

1982

Hamburger Hooligans greifen vor einem Derby eine Gruppe von Werder-Fans an. Der 16-jährige Adrian Maleika wird von einem Stein am Kopf getroffen und verstirbt. Im Dezember treffen sich 200 Fan-Delegierte und die Manager Willi Lemke und Günter Netzer zu einem Austausch. Es wird vereinbart, von weiteren Gewaltakten abzusehen. Die Konferenz geht als der „Frieden von Scheeßel" in die Geschichte ein.

1983

Nach 24 Spieltagen der Saison 1982/83 steht Werder auf einem respektablen 5. Platz, aber dann geben die Bremer richtig Gas: Acht Bundesliga-Spiele in Serie gewinnt das Rehhagel-Team. Es ist die längste Siegesserie der Bremer Bundesliga-Historie. Die Meisterschaft wird aber dennoch verpasst.

1986

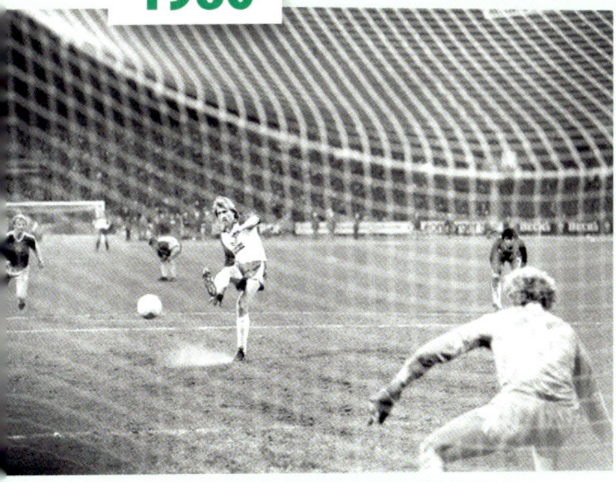

Traumatisches Erlebnis: der Kutzop-Elfer

„Ich höre noch heute, wie der Ball an den Pfosten klatscht" – so wie dem Unglücksraben Michael Kutzop geht es tausenden Werder-Fans. Nach dem 0:0 am 33. Spieltag gegen die Bayern ist Kutzop untröstlich. Sein Freund Rudi Völler nimmt ihn nach dem Spiel mit nach Hause. Gemeinsam bleiben die beiden die ganze Nacht wach. Von diesem Schock erholt sich das Team nicht und verliert am letzten Spieltag beim VfB Stuttgart. Ein Punkt hätte zur Meisterschaft gereicht, aber die Schale wird in München hochgehalten.

1987

Auf dem Weg zum Europapokal-Duell bei Spartak Moskau muss Werder in Litauen zwischenlanden und am nächsten Tag unverrichteter Dinge zurück nach Bremen, weil in Moskau der Winter ausgebrochen ist. Erst Tage später kann gespielt werden und Werder bekommt mit 4:1 die Hucke voll. Im Rückspiel folgt das erste „Wunder von der Weser": Werder zwingt die Russen in die Verlängerung und triumphiert mit 6:2. Frank Neubarth schnürt einen Doppelpack und wird fortan Mr. Europacup genannt.

1992

Werder steht zum ersten Mal in einem europäischen Finale, ist gegen den AS Monaco aber nur Außenseiter. Zudem gibt es erhebliche Spannungen zwischen Mannschaft und Klubführung, denn die Verhandlungen über eine Siegprämie werden erst am Vortag des Endspiels in Lissabon abgeschlossen. Für Wynton Rufer bis heute unverständlich. Als „Kiwi" dann noch erfährt, dass er mit Klaus Allofs zusammen im Sturm spielen soll, sagt er zu seinem Vater: „Das Spiel verlieren wir auf jeden Fall." Aber Otto Rehhagel behält wieder einmal Recht und Allofs wird mit einem Tor und einer Vorlage zum Mann des Spiels beim 2:0-Erfolg gegen die Monegassen.

1988

Die Offensive gewinnt Spiele, die Defensive Meisterschaften – eine Phrase, die für die Bremer Mannschaft 1987/88 mit Sicherheit zutrifft. Werder kassiert nur 22 Gegentore und stellt damit einen neuen Bundesliga-Rekord auf, der erst 2008 gebrochen wird. Oliver Reck bleibt zudem sechs Bundesliga-Spiele in Folge und insgesamt 640 Minuten unbezwungen. Auch das ist ein neuer Bundesliga-Rekord, der über zehn Jahre Bestand hat.

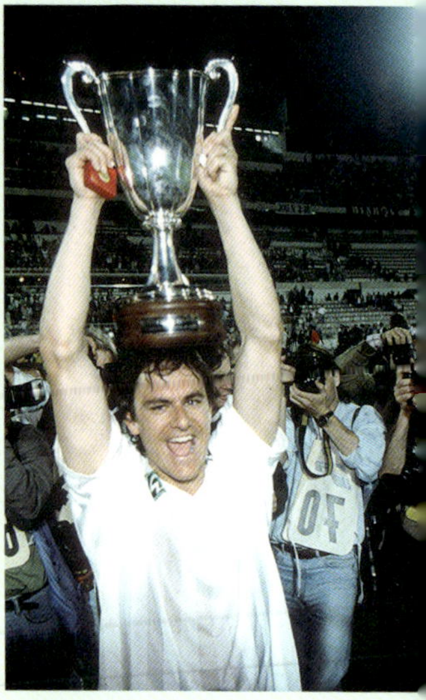

Da ist der Pott! Wynton Rufer bejubelt den Europapokalsieg gegen Monaco.

1989

Es ist eigentlich kein klassisches Wunder von der Weser, weil Bremen ausnahmsweise schon im Hinspiel überzeugt, aber es ist dennoch eine magische Nacht: Mit 5:1 fegt Werder am 6. Dezember über den italienischen Meister SSC Neapel mit Superstar Diego Maradona hinweg. Egal, wo der geniale Argentinier an diesem Abend auftaucht: Uli Borowka ist schon da. Dieses Spiel gilt bis heute als eines der besten der Klubgeschichte.

Aha

1993

Als erster Bundesliga-Klub zieht Bremen in die Gruppenphase der Champions League ein. Dort ist dann zwar Endstation, aber gegen den RSC Anderlecht gelingt dem Team von Otto Rehhagel Einmaliges: Zur Pause führen die Belgier mit 3:0, am Ende triumphiert Werder mit 5:3. Kein anderes Team drehte in der Champions League jemals einen Drei-Tore-Rückstand zur Pause noch in der regulären Spielzeit in einen Sieg.

1999

Die Jahre nach dem Weggang von Rehhagel sind trist, aber nie ist es in Bremen so trostlos wie in der Saison 1998/99. Felix Magath versteht es exzellent, auch dem letzten Bremer Spieler die Freude am Fußball auszutreiben. Für Ailton oder Andi Herzog sind die Highlights das heimliche Colatrinken nach dem Training. In akuter Abstiegsnot kommt ein Ritter in strahlender Rüstung und alles wird wieder gut. Dieser Ritter heißt Thomas Schaaf.

2003-2004

Die erfolgreichste Saison der Klubgeschichte beschert Werder nicht nur das Double, sondern auch eine Rekordserie: 23 Spiele in Serie bleiben die Grün-Weißen auf dem Weg zum Titel ungeschlagen.

2009

Das Jahr der Papierkugel beschert Werder den bislang letzten Titel. Der Pokalsieg kommt dabei auf einzigartige Weise zustande: Bremen muss in jeder Runde auswärts antreten. Kein anderer Pokalsieger der Historie hatte so einen steinigen Weg vor sich.

2018-2019

Werder stand oft für atemberaubenden Offensivfußball, für Stars wie Völler, Riedle, Herzog, Micoud oder Özil. Umso erstaunlicher, dass die längste Torserie aus einer eher dunklen Epoche stammt: Zwischen Mai 2018 und April 2019 erzielt Bremen in 30 Bundesliga-Spielen in Serie immer mindestens einen Treffer – die längste Serie der Klub- und immerhin die siebtlängste der Bundesliga-Geschichte.

Aha! Extra

Torkelnde Hilfe vom zwölften Mann

„Und mit der Nummer 12, das sind..“ – „WIR!“, „das sind. . .“ - „WIR!“, „das sind..“ – „WIR!!!“ – so endet in einem voll besetzten Weserstadion die Zelebrierung der Werder-Aufstellung. Die „12“ ist bei Werder schon seit vielen Jahren den Fans vorbehalten. Der letzte Bremer Profi, der diese Nummer auf dem Rücken trug, war Jakub Wierzchowski in der Saison 2001/02. Der polnische Torhüter konnte allerdings die Mannschaft während der Spiele auch nur als Fan unterstützen, denn er saß bei allen Saisonspielen nur auf der Bank.

Ab der Spielzeit 2002/03 wurde die „12“, die seit der Einführung der festen Rückennummern in der Bundesliga zur Saison 1995/96 traditionell Werders Ersatztorhüter vorbehalten war, nicht mehr vergeben. Dietmar Beiersdorfer war der einzige Feldspieler, der seit 1995 mit dieser Nummer auflief – und das auch nur drei Mal, bevor er Bremen Richtung Köln verließ. Und die Fans haben sich in den Jahren die eigene Rückennummer auch redlich verdient und hatten an allen Erfolgen ihres Klubs großen Anteil. Vermutlich war der aber nie mehr so groß wie am 15. November 1969, als Werders zwölfter Mann buchstäblich ins Spielgeschehen eingriff.

Es ist ein äußerst bescheidener Kick zwischen Werder und Rot-Weiß Essen. „Spielt doch Fußball!“, ruft ein frustrierter Essener Trainer – ein gewisser Herbert Burdenski übrigens – verzweifelt auf den Rasen. Aber so richtig erhören will ihn keiner der 22 Akteure. Ein Bremer Zuschauer versteht das aber offenbar als Aufforderung, sich etwas aktiver am Spiel zu beteiligen, nachdem er zuvor offensichtlich schon ziemlich enthusiastisch für hochprozentige Flüssigkeitszufuhr gesorgt hatte. Gestützt an einen Pfosten stellt sich der Herr im Trenchcoat neben das Tor vom Essener Keeper Fred-Werner Bockholt. Als Werders Ole Björmose in der 76. Minute einen Sololauf startet, reicht ihm diese reine Zuschauerrolle allerdings nicht mehr. Der Mann betritt den Platz und steht neben Bockholt. Björnmose schießt und der Ball landet im Tor. „Der angeheiterte Zuschauer ist auf den Platz gelaufen, ich hab ihn im Blickwinkel wahrgenommen und in dem Moment das Tor bekommen“, erinnert sich der Torhüter an die Situation. Werder feiert, der reichlich angeschickerte Fan tanzt durch den Strafraum und die Essener stürmen mit wütenden

Protesten auf Schiedsrichter Albert Binder zu. Der zeigt sich davon aber unbeeindruckt und gibt den Treffer.

„Ich habe den Mann zwar erst gesehen, als der Ball im Tor war, aber das spielt keine Rolle. Die Regeln besagen eindeutig, dass ich auf Tor entscheiden muss, solange der Zuschauer nicht entscheidend in das Spiel eingegriffen hat – und dazu war er nicht in der Lage!", gibt Schiri Binder anschließend zu Protokoll. Der sonst so besonnene Bockholt nimmt die Entscheidung nicht gerade gelassen hin und beißt dem Torschützen in die Schulter. Auch dieses Vergehen entgeht dem Unparteiischen. Die Partie steht kurzzeitig vor dem Abbruch, aber dann beruhigen sich die Gemüter. Werder gewinnt mit 2:1, dennoch hat die Begegnung ein Nachspiel. Dieser Vorfall führt dazu, dass in der Bundesliga Zäune in den Stadien eingeführt werden. Damit der zwölfte Mann auch wirklich nur von der Tribüne aus mithilft.

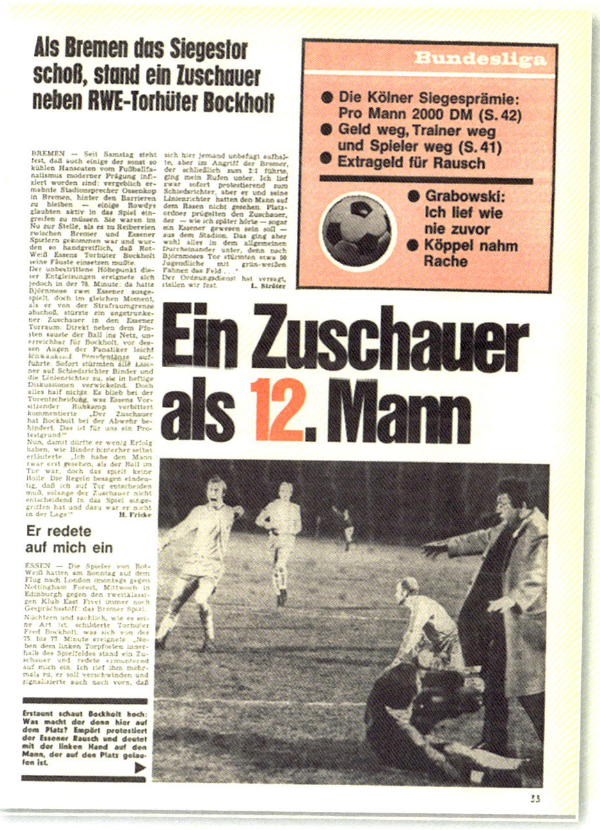

Als Bremen das Siegestor schoß, stand ein Zuschauer neben RWE-Torhüter Bockholt

BREMEN — Seit Samstag steht fest, daß auch einige der sonst so kühlen Hanseaten vom Fußballfanatismus moderner Prägung infiziert worden sind: vergeblich ermahnte Stadionsprecher Ossenkop in Bremen, hinter den Barrieren zu bleiben — einige Rowdys glaubten aktiv in das Spiel eingreifen zu müssen. Sie waren im Nu zur Stelle, als es zu Reibereien zwischen Bremer und Essener Spielern gekommen war und wurden so handgreiflich, daß Rot-Weiß Essens Torhüter Bockholt seine Fäuste einsetzen mußte.

Der unbestrittene Höhepunkt dieser Entgleisungen ereignete sich jedoch in der 78. Minute: da hatte Björnmose zwei Essener ausgespielt, doch im gleichen Moment, als er von der Strafraumgrenze abschoß, stürzte ein angetrunkener Zuschauer in den Essener Torraum. Direkt neben dem Pfosten sauste der Ball ins Netz, unerreichbar für Bockholt, vor dessen Augen der Fanatiker leicht [illegible] Freudentänze aufführte. Sofort stürmten alle Essener auf Schiedsrichter Binder und die Linienrichter zu, sie in heftige Diskussionen verwickelnd. Doch alles half nichts. Es blieb bei der Torentscheidung, was Essens Vorsitzender Rohkamp verbittert kommentierte: „Der Zuschauer hat Bockholt bei der Abwehr behindert. Das ist für uns ein Protestgrund!"

Nun, damit dürfte er wenig Erfolg haben, wie Binder hinterher selbst erläuterte: „Ich habe den Mann zwar erst gesehen, als der Ball im Tor war, doch das spielt keine Rolle. Die Regeln besagen eindeutig, daß ich auf Tor entscheiden muß, solange der Zuschauer nicht entscheidend in das Spiel eingegriffen hat und dazu war er nicht in der Lage!" **H. Fricke**

Er redete auf mich ein

ESSEN — Die Spieler von Rot-Weiß hatten am Sonntag auf dem Flug nach London (montags gegen Nottingham Forest, Mittwoch in Edinburgh gegen den zweitklassigen Klub East Fivel) immer noch Gesprächsstoff: das Bremer Spiel.

Nüchtern und sachlich, wie es seine Art ist, schilderte Torhüter Fred Bockholt, was sich von der 75. bis 77. Minute ereignete: „Neben dem linken Torpfosten innerhalb des Spielfeldes stand ein Zuschauer und redete ermunternd auf mich ein. Ich rief ihm mehrmals zu, er soll verschwinden und signalisierte auch nach vorn, daß sich hier jemand unbefugt aufhalte, aber im Angriff der Bremer, der schließlich zum 2:1 führte, ging mein Rufen unter. Ich lief zwar sofort protestierend zum Schiedsrichter, aber er und seine Linienrichter hatten den Mann auf dem Rasen nicht gesehen. Platzordner prügelten den Zuschauer, der — wie ich später hörte — sogar ein Essener gewesen sein soll — aus dem Stadion. Das ging aber wohl alles in dem allgemeinen Durcheinander unter, denn nach Björnmoses Tor stürmten etwa 50 Jugendliche mit grün-weißen Fahnen das Feld ..."

Der Ordnungsdienst hat versagt, stellen wir fest. **L. Ströter**

Bundesliga

- Die Kölner Siegesprämie: Pro Mann 2000 DM (S. 42)
- Geld weg, Trainer weg und Spieler weg (S. 41)
- Extrageld für Rausch
- Grabowski: Ich lief wie nie zuvor
- Köppel nahm Rache

Ein Zuschauer als 12. Mann

Erstaunt schaut Bockholt hoch: Was macht der denn hier auf dem Platz? Empört protestiert der Essener Rausch und deutet mit der linken Hand auf den Mann, der auf den Platz gelaufen ist. ▶

33

Ein beschwingtes Tänzchen im Essener Fünfmeterraum: Der Kicker hat die kuriose Szene bildlich festgehalten.

Aha! Extra

Werder-Uli im Paralleluniversum

Wenn jetzt ein verrückter Wissenschaftler vor mir auftauchen und mir die Möglichkeit geben würde, in ein Paralleluniversum zu reisen, wüsste ich genau, welches ich mir aussuchen würde. Ich fände es extrem spannend zu wissen, wie die Bundesliga heute aussähe, wenn Werder 1969 keinen Igel in der Tasche gehabt hätte. Vielleicht wäre ich in meiner Kindheit dann auch nicht dem SVW, sondern dem FC Bayern, dem sympathischen Underdog aus dem Süden, verfallen. Aber der Reihe nach.

1969 ist nicht nur das Jahr der Mondlandung, sondern auch in der Bundesliga werden entscheidende Weichen gestellt. Werder hat auf der Suche nach einem Nachfolger für den in der Halbzeit abgewanderten Fritz Langner (siehe Seite 38) zwei Kandidaten im Blick: Fritz Rebell von Regionalligist Göttingen 05 und den deutschen Juniorennationaltrainer Udo Lattek. Werders Vorsitzender Fritz Düring sortiert die Trainer nur nach dem Preis. Rebell möchte 4.000, Lattek 5.000 DM im Monat. Da hilft es auch nicht, dass Lattek verspricht, zwei seiner Nachwuchskicker direkt mitzubringen – Rebell macht das Rennen.

Während Rebell mit Werder gegen den Abstieg kämpft, unterschreibt Lattek 1970 beim FC Bayern und bringt da seine beiden Spieler unter, die für Bremen nicht spannend genug waren. Uli Hoeneß und Paul Breitner machen es bei den Bayern doch ganz ordentlich.

Wer weiß, vielleicht wären die siebziger Jahre in Bremen äußerst erfolgreich verlaufen. Zumindest wäre es wohl eher unwahrscheinlich, dass Hoeneß die Münchner ab 1979 als Manager peu à peu zum Mordor der Bundesliga macht. Andererseits hätte es in diesem Universum einen meiner schönsten Anblicke auch nicht gegeben: Das Gesicht von Uli Hoeneß beim Bremer Meisterstück in München 2004. Insofern würde ich beim verrückten Wissenschaftler schon sicher gehen, dass er mich aus dem Paralleluniversum auch wieder nach Hause holt.

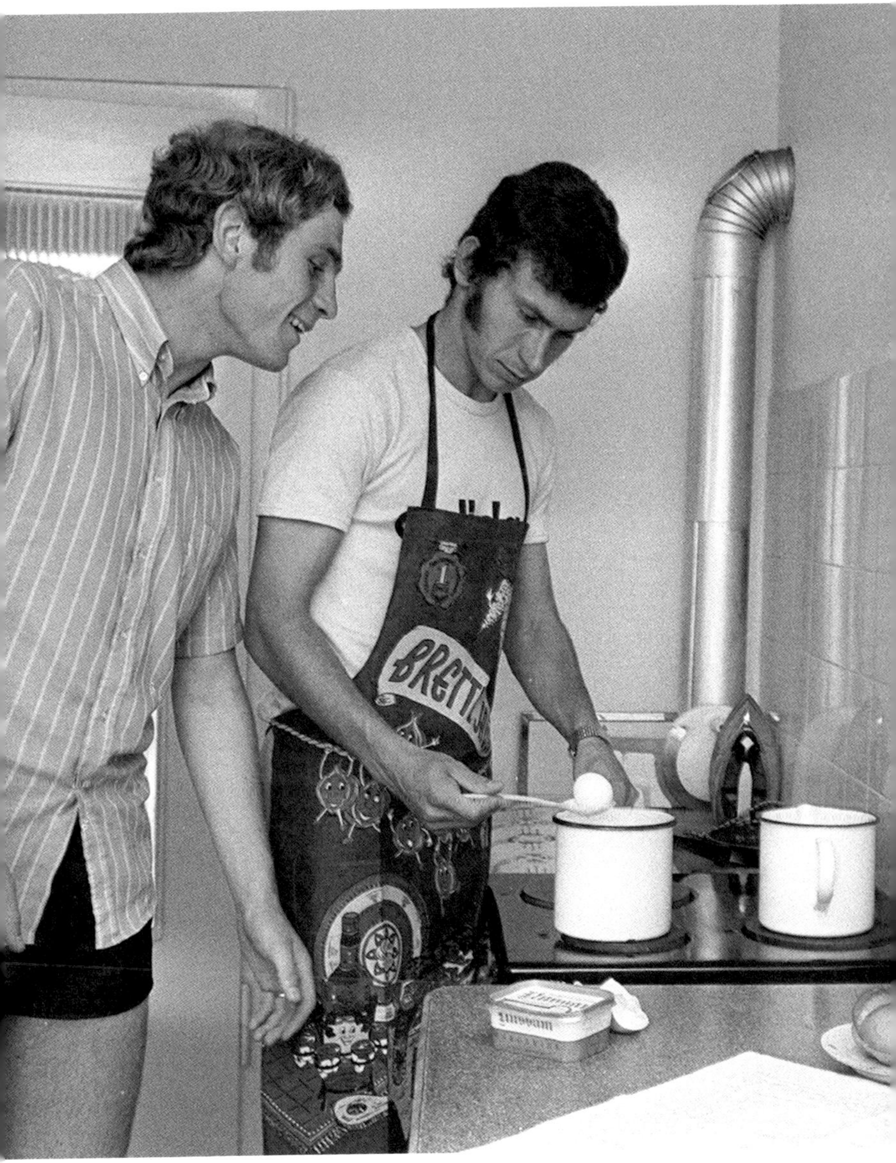

Haute Cuisine in Bremen? Nicht mit Uli Hoeneß und Paul Breitner …

Populärer Irrtum

Die heimliche Revolution in Bremen

Eintracht Braunschweig revolutioniert 1973 die Bundesliga. Nach ewigem Streit mit dem DFB laufen die Spieler der Eintracht mit dem Jägermeister-Logo auf der Brust auf. Möglich macht das ein geschickter Schachzug: Weil Trikotsponsoren noch vom DFB untersagt sind, ersetzt das Logo der Schnapsfirma einfach das Vereinslogo. Aber: So revolutionär war das gar nicht, denn einige Kilometer nördlich hat man das anderthalb Jahre zuvor auch schon gemacht. Die eigentliche Revolution wurde in Bremen gestartet – sie hat nur wesentlich niedrigere Wellen geschlagen.

Werder tritt Ende der sechziger und Anfang der siebziger Jahre auf der Stelle. Und am Horizont braut sich weiteres Unheil zusammen. Die finanzstarken Klubs der Bundesliga laufen gegen die Deckelung der Ablösezahlungen Sturm. Mehr als 100.000 DM dürfen die Klubs damals nicht für einen Spieler ausgeben, ohne den DFB um eine Ausnahmegenehmigung zu bitten. Hansi Wolff vermutet, dass diese Regelung bald Geschichte sein wird und bittet beim Vorstand 1971 um groß angelegte Investitionen. „Wir müssen unsere letzte Chance zum Großeinkauf nützen. Vielleicht ist es das letzte Jahr, in dem wir uns Stars leisten können", so Werders Geschäftsführer.

Um diese Chance beim Schopfe zu packen, fädelt der ehemalige Oberliga-Spieler Eduard „Edu" Hundt mit SPD-Politiker Richard Boljahn einen großen Deal ein. Die Stadt Bremen beteiligt Werder an den Werbeeinnahmen des Weserstadions und verzichtet zudem auf die eigentlich fällige Zahlung der Vergnügungssteuer. Zudem erhält der Klub von der Stadt ein zinsloses Darlehen in Höhe von 750.000 DM. Hansi Wolff kann so auf große Einkaufstour gehen und lockt Stars wie Nationalspieler Peter Dietrichs, Herbert Laumen (beide Mönchengladbach) oder Willi Neuberger (Dortmund) nach Bremen. 7000 Fans jubeln der neuen Mannschaft bei der Präsentation in der Stadthalle zu.

Nur bei einem Spieler kommt der Transfer letztlich nicht zustande, weil der 26-Jährige darauf besteht, das „Werder-Echo" zu verlegen. Dafür ist aber schon der altgediente Meisterstürmer „Zick-Zack" Matischak verantwortlich. Nur deshalb wird Günter Netzer nicht Teil der sogenannten „Millionenelf", wie das Werder-Team aufgrund der Aktivitäten auf dem Transfermarkt genannt wird. Trainer Robert Gebhardt kann es aber verschmerzen: „Der hat viel zu lange Haare, den kann ich nicht ausstehen", sagt er über Netzer. Für die finanzielle Hilfe der Stadt gibt es vom Klub auch eine Gegenleistung – leider keine sportliche, denn das Team aus zusammengewürfelten Stars ist eine einzige Enttäuschung.
Die Werder-Stars tauschen die traditionellen Grün-Weißen gegen Rot-Weiße Trikots ein und laufen als lebende „Speckflaggen" durch die Stadien der Bundesliga. Selbst die Werder-Raute auf der Brust muss weichen. Stattdessen prangt dort der Schlüssel aus dem Bremer Stadtwappen. Damit ist die Stadt Bremen streng genommen der erste Trikotsponsor der Bundesliga-Geschichte. Heimlich, still und leise verschwinden die Rot-Weißen Hemden in der Saison 1973/74 wieder in der Mottenkiste. Das Projekt Millionenelf ist damit endgültig gescheitert.

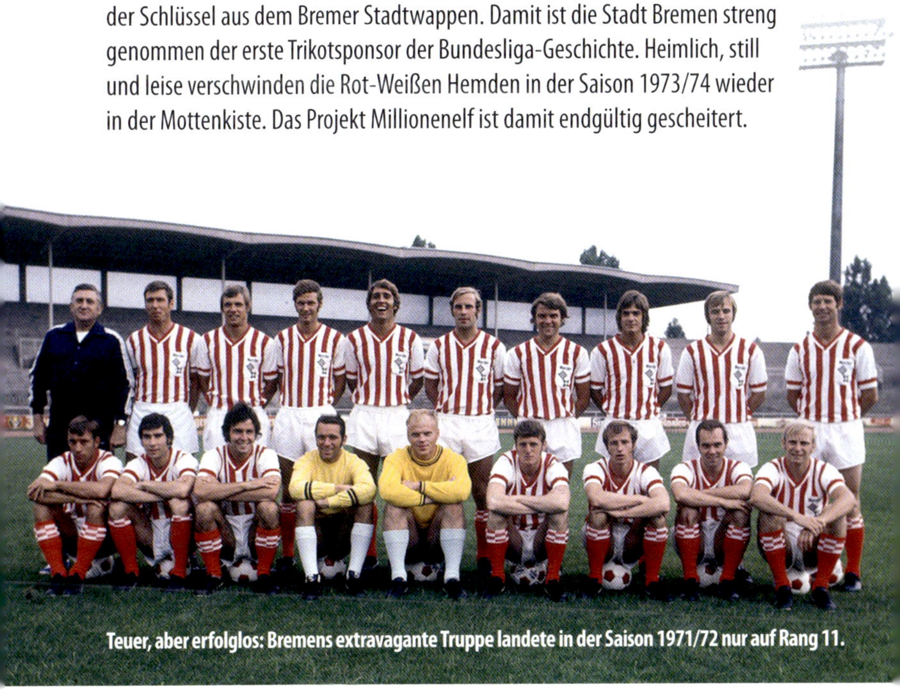

Teuer, aber erfolglos: Bremens extravagante Truppe landete in der Saison 1971/72 nur auf Rang 11.

Hinten v. l.: Trainer Robert Gebhardt, Josef „Sepp" Piontek, Bernd Schmidt, Heinz-Dieter Hasebrink, Rudi Assauer, Carsten Baumann, Herbert Laumen, Dieter Zembski, Jürgen Weber, Arnold Schütz.
Vorne v. l.: Horst-Dieter Höttges, Peter Dietrich, Werner Weist, Torwart Günter Bernard, Torwart Peter Haak, Willi Götz, Willi Neuberger, Karl-Heinz Kamp, Werner Görts

Aha! Extra

Demütigung im Nord-Derby

Als Werder-Fan ist man es ja eigentlich gewohnt, dass der HSV irgendwie immer einen Weg findet, sich selbst zu schlagen. Vielleicht kann man sich so die folgende und vermutlich peinlichste Bremer Derby-Geschichte schönreden. Am 27. November 1971 stehen sich 22 Spieler im HSV-Dress im Volksparkstadion gegenüber und das Team in der Heimkluft bezwingt die Mannschaft mit den Auswärtshemden mit 2:1. Blöd nur, dass in den Hamburger Auswärtstrikots die Spieler von Werder Bremen stecken. Stefan Raab würde fragen: „Was war da denn los?"
1971/72 ist die Zeit von Werders Millionenelf und den rot-weißen Speckflaggen Trikots (siehe Seite 50). Beim Auswärtsspiel in Hamburg kann auf Bremer Seite natürlich keiner ahnen, dass der HSV bei einem Heimspiel mit roten Hosen und weißem Hemd antreten würde – also ebenfalls in rot-weiß. Schiedsrichter Walter Eschweiler scheint das aber zunächst nicht weiter zu stören, denn er pfeift die Begegnung pünktlich an. Kaum vorstellbar, dass das in heutigen Zeiten noch getan würde.
Aber nicht alle sind damit einverstanden. Im schwarz-weiß-Fernsehen sind die unterschiedlichen Trikots kaum auseinanderzuhalten. Die Fernsehleute ersuchen Walter Eschweiler um Hilfe. Der Schiedsrichter kommt deshalb zur Pause in die Gäste-Kabine und bittet die Bremer, sich für die zweite Hälfte umzuziehen. Pech nur, dass Werder keinen zweiten Trikotsatz dabei hat. Deshalb wird beim HSV nachgefragt. „Als deren Zeugwart mit Hamburgs Auswärtstrikots in die Kabine kam und wir die anziehen sollten, dachte ich, das muss ein Scherz sein", erinnert sich Dieter Zembski bei deichstube.de. Ist es aber nicht. Auf sanften Druck von Eschweiler ziehen sich die Werder-Spieler die dunkelblauen Hemden mit der falschen Raute über, die nicht bei allen perfekt sitzen. Das Trikot mit der Nummer 9 soll beispielsweise total ausgeleiert gewesen sein.
Nachdem es zur Pause noch 0:0 steht, verliert Werder noch mit 2:1. „Am Trikot lag es nicht, dass wir verloren haben", sucht Eisenfuß Höttges anschließend keine Ausreden. Aber etwas verunsichert mag der einmalige Derby-Trikottausch die Spieler schon haben. „Wir konnten ja auch kaum noch spielen, weil es aus dem Augen-

winkel immer so aussah, als wenn die Pässe beim Gegner landen", sagt jedenfalls Zembski in der Rückschau – wenn auch mit einem Lachen. Und das Rückspiel liefert Zembski Argumente. In den eigenen Trikots wird der HSV deutlich mit 4:0 bezwungen. Es ist eines der besseren Spiele der Millionenelf. Schade, dass das kaum einer mitbekommt, denn weil es sportlich bedeutungslos ist, verlieren sich nur 8000 Zuschauer im Weserstadion.

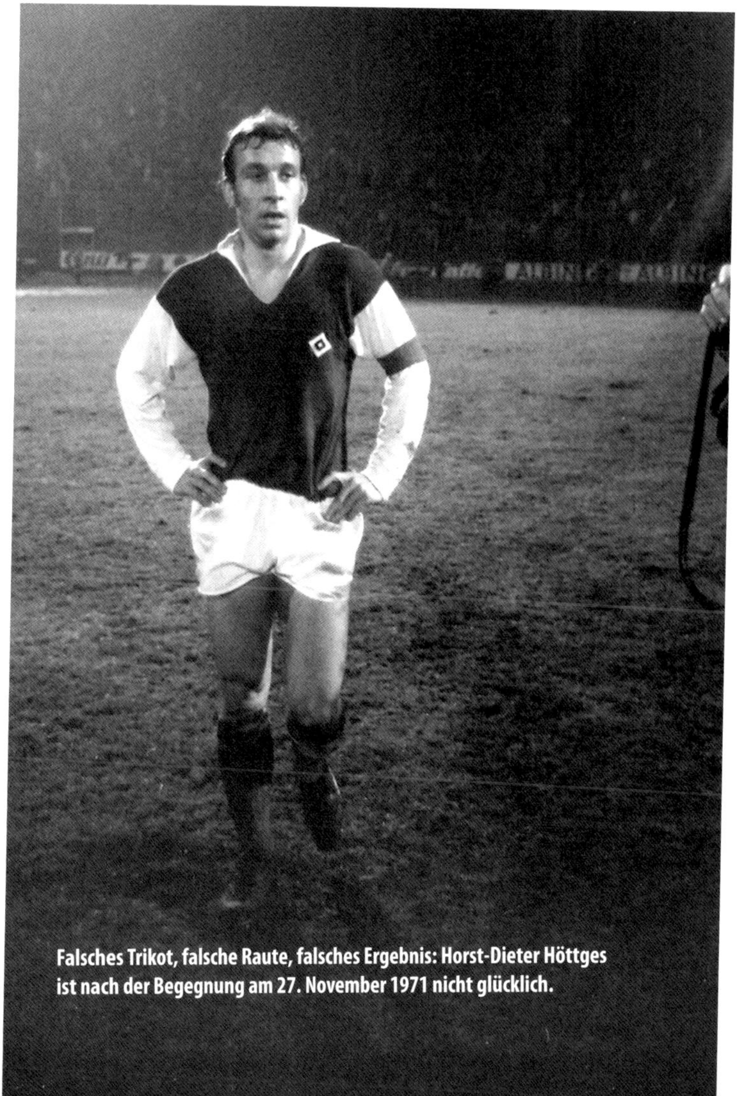

Falsches Trikot, falsche Raute, falsches Ergebnis: Horst-Dieter Höttges ist nach der Begegnung am 27. November 1971 nicht glücklich.

Aha

Sunday und die doppelte Bundesliga-Premiere

Werder-Geschäftsführer Hansi Wolff war ein äußerst hartnäckiger Mensch. Im Winter 1971 reist er zum afrikanischen Champions-League-Finale nach Kinshasa, Zaire, um einen Mittelfeldspieler zu beobachten. Ibrahim Sunday ist Afrikas Fußballer des Jahres 1970 und führt Asante Kotoko als Kapitän zu einem 2:1-Finalsieg. Für Wolff ist klar: Diesen Spieler will ich nach Bremen holen. Nach dem Spiel stellt Wolff sich neben Sunday, spricht kein Wort, aber lässt sich fotografieren. Dieses Foto nutzt er später für den ersten Kontaktversuch.

Mehrere Jahre bleibt Wolff dran, schreibt Briefe, die nicht ankommen und besucht den Spielmacher schließlich 1973 persönlich in Accra und sagt: „You are exactly the player we are looking for", wie sich Sunday 2010 in der taz erinnert. 1975 klappt es dann tatsächlich, nur die von Wolff angekündigte Schlüsselrolle erfüllt sich in Bremen nicht. Im Gegenteil: Sunday spielt sportlich keine Rolle, ist in der Mannschaft isoliert, weil keiner Englisch spricht, und insgesamt in Bremen unglücklich.

„Abends schaute ich deutsches Fernsehen, obwohl ich die Worte zu den Bildern nicht verstand. [...] Es gab niemanden, den ich hätte fragen können, wie Deutschland funktioniert und wie der Fußball hier", schreibt Sunday später. Werder ist im Abstiegskampf und auch Wolff hat seinen Stareinkauf offensichtlich ein wenig vergessen. Immerhin vermittelt der Werder-Geschäftsführer ihm ein WG-Zimmer in der Wohnung von Klaus Matischak.

Der Ex-Meisterstürmer bringt ihm ein wenig Deutsch bei, zeigt ihm die Stadt und nimmt ihn mit zu seinen Eltern, die sich liebevoll um Sunday kümmern. „Sie machten mich glücklich – für einen Nachmittag oder einen Abend", erinnert dieser sich und betont: „Ich kann es nicht anders sagen: Der Umzug rettete mein Leben." Sportlich wird es in Bremen aber nicht besser. Werder hat zwar den Klassenerhalt am letzten Spieltag der Saison 1975/76 sicher, aber Sunday hat nicht eine Minute dazu beigetragen. Retter Otto Rehhagel möchte ihm offensichtlich etwas Gutes tun und

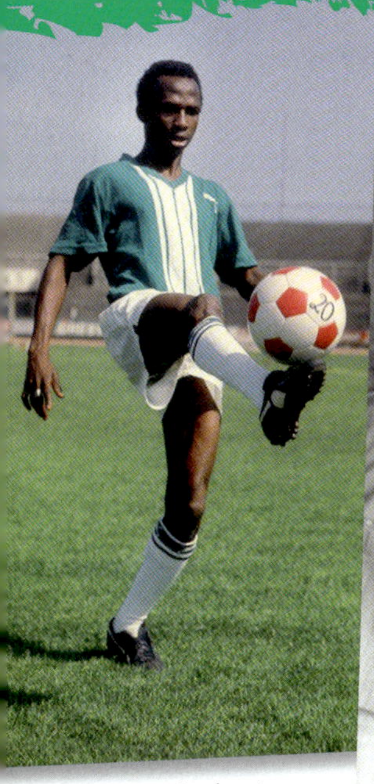

Austoben konnte sich Sunday nur auf dem Trainingsplatz.

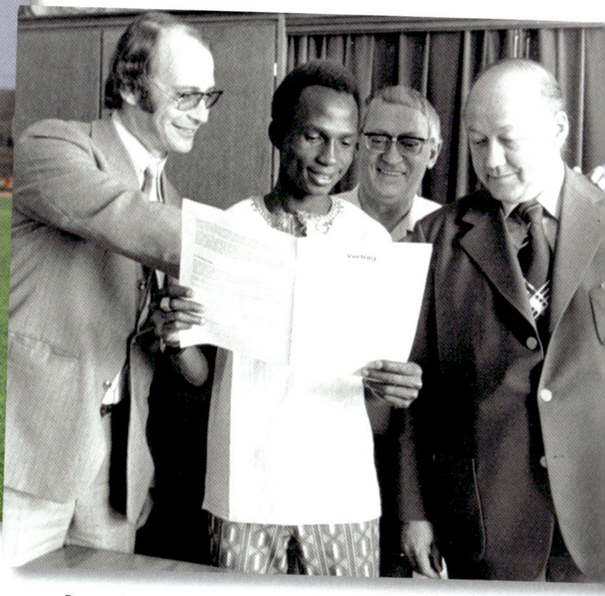

Da war die Welt für Ibrahim Sunday noch in Ordnung: Vizepräsident Klaus Dieter Fischer, Geschäftsführer Hans Wolff und Schatzmeister Karl Heinz Hohnhorst (v. l.) bei der Präsentation des Neuzugangs

wechselt ihn beim Auswärtsspiel in Essen zur Pause ein. Es ist der erste Einsatz eines Afrikaners in der Bundesliga – und zugleich erfindet Rehhagel den Wechselfehler. Laut Statuten dürfen nur zwei Ausländer gleichzeitig auf dem Feld stehen, aber mit Röntved, Aslund und Sunday sind es in dieser zweiten Halbzeit drei. Weil Werder die Partie sowieso verliert, bleibt eine Geldstrafe die einzige Konsequenz. Große Freude stellt sich bei Sunday anschließend aber nicht ein. „Was sind 45 Minuten gegen Rot-Weiß Essen für jemanden, der die afrikanische Champions League gewonnen hat?", erklärt er später seine Gemütslage.
Es bleiben seine einzigen Bundesliga-Minuten. Nach dem Ende seines Vertrags 1977 bleibt er zunächst trotzdem in Deutschland, weil er nicht als Gescheiterter wieder zurück nach Ghana möchte. Er absolviert alle Trainerlehrgänge und ist nebenbei noch als Spielertrainer in der Bezirksliga beim VSK Osterholz-Scharmbeck tätig. 1981 geht er als Trainer zurück nach Ghana und gewinnt mit seinem Heimatklub erneut die Champions League – diesmal als Trainer.

Aha! Extra

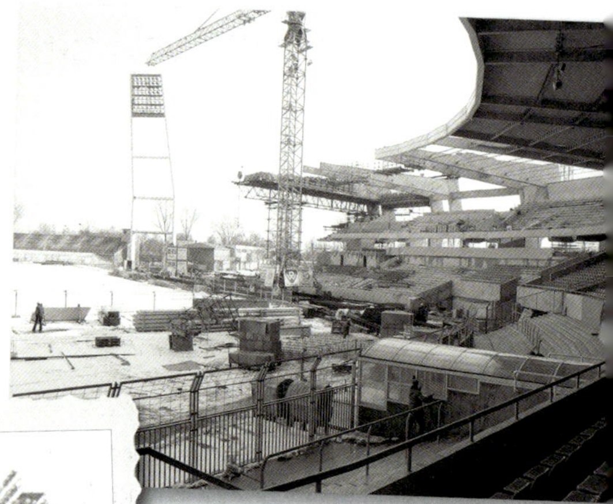

Umbau der Nordtribüne, die neuen Flutlichtmasten sind schon fertig, 1978

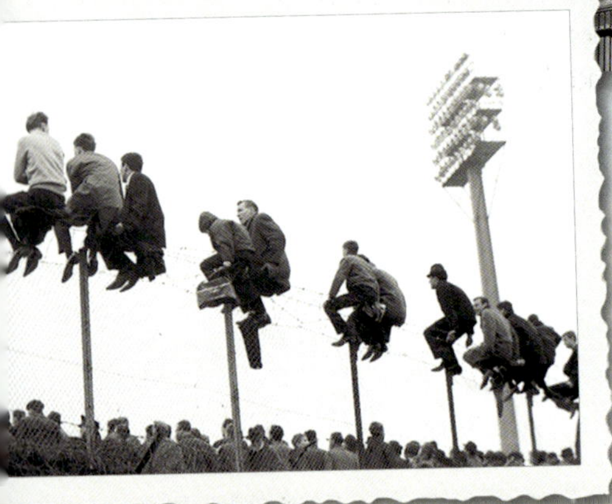

Die alte Flutlichtanlage in der Saison 1965/1966

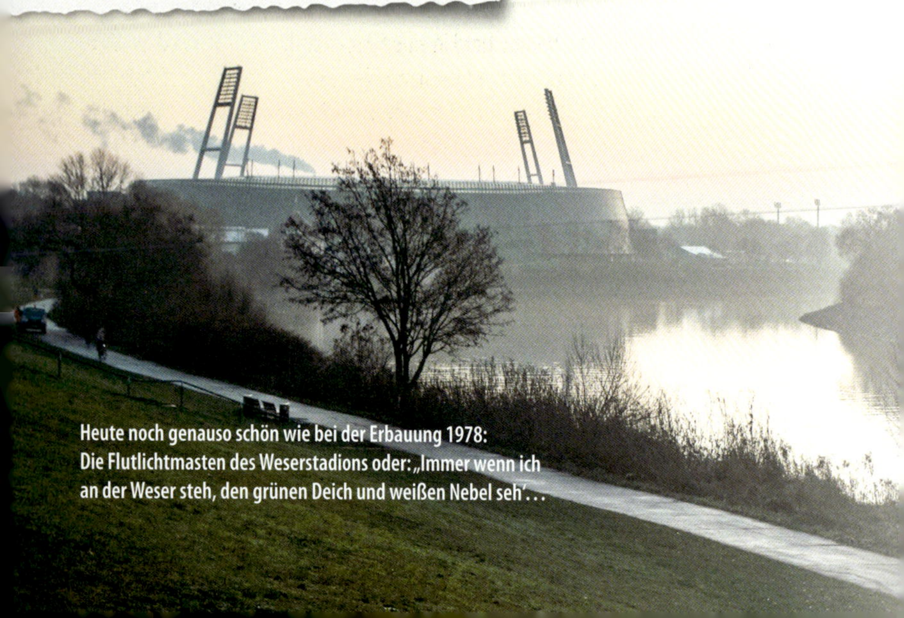

Heute noch genauso schön wie bei der Erbauung 1978: Die Flutlichtmasten des Weserstadions oder: „Immer wenn ich an der Weser steh, den grünen Deich und weißen Nebel seh'…

Wahrzeichen mit Europa-Rekord

„Immer wenn ich an der Weser steh, den grünen Deich und weißen Nebel seh', fängt mein Herz an aufzugehn, und ich weiß, dass ich zu Hause bin" – so singt es Jan Delay in „Grün weiße Liebe" – und so geht es mir und tausenden weiteren Werder-Fans auch, wenn wir über den Osterdeich zum Stadion schlendern. Einen großen Anteil daran haben die schönsten Flutlichtmasten der Welt, die das Weserstadion optisch unverwechselbar machen.

Die ikonischen Leuchtstrahler sehen aber nicht nur verdammt gut aus, sie sind nach der Fertigstellung 1978 auch eine Weltsensation. Bevor Werders Heimstätte in neuem Glanz erstrahlen kann, sieht es erst nach dem absoluten Tiefpunkt für den Klub aus. Ende der siebziger Jahre kämpfte Bremen nicht nur sportlich, sondern auch finanziell ums Überleben in der Bundesliga. Während zahlreiche Stadien der Konkurrenz im Vorfeld der WM 1974 modernisiert wurden, hinkte man an der Weser noch deutlich hinterher. Eine von der Stadt Bremen in Auftrag gegebene Studie kam zu dem Schluss: „Größe und Qualität des Weser-Stadions sind in keiner Weise ausreichend für einen Bundesliga-Verein in Bremen, der auf Dauer erfolgreich sein will."

Diese Auffassung vertrat man offenbar auch beim DFB, denn im März 1977 wurde Bremen wegen finanzieller Unterdeckung die Lizenz für die Saison 1978/79 verweigert. Werder musste dringend nachbessern, und nur aufgrund der Vorlage von Plänen der nachhaltigen Einnahmensteigerung – unter anderem durch eine Umwandlung der Stehplatztribüne Nord in eine Sitzplatztribüne – wurde die Lizenz schließlich doch noch erteilt. 1978 wurden dann die neue Nordtribüne und die heißgeliebten Flutlichtmasten erbaut. Der FC Liverpool kam am 12. Dezember 1978 zur Stadioneinweihung, aber entgegen landläufiger Meinungen war die Flutlichtanlage schon vorher im Einsatz. Mit den Worten „Bannig hell!" bewarb Werder sein Freitagabendspiel gegen Eintracht Braunschweig am 20. Oktober desselben Jahres. Ein perfektes Beispiel für hanseatisches Understatement.

Bannig ist ein plattdeutscher Begriff und steht für „ungewöhnlich, außerordentlich, sehr". Das Licht der neuen Flutlichtanlage war aber nicht nur sehr oder außergewöhnlich hell. Es war zu der Zeit die stärkste Beleuchtung eines Fußballfeldes in Europa. Mittlerweile gibt es modernere Anlagen, die Lichtshows und ähnlichen Firlefanz ermöglichen. Aber um nichts in der Welt würde ich die Bremer Flutlichtmasten eintauschen wollen. Denn so weiß ich wie Jan Delay immer ganz genau, wann ich zu Hause bin.

Aha! Extra

Freundschaftsspiele um viel Geld

Werner „Acker" Weist wechselt 1971 von Borussia Dortmund nach Bremen. Der Stürmer ist Teil der Millionenelf (siehe Seite 50). Insgesamt bleibt er sechs Jahre bei Werder und trifft in den ersten vier Spielzeiten drei Mal zweistellig. In den letzten beiden Spielzeiten kommt er auch aufgrund von Verletzungen nur noch sporadisch zum Einsatz, deshalb ist es wenig verwunderlich, dass die Bremer ihn 1977 schließlich ziehen lassen. 111.000 DM – inklusive Mehrwertsteuer – wollen die Stuttgarter Kickers für den damals 28-Jährigen noch bezahlen. Woher ich diese Summe so genau kenne? Dieser Transfer wird später die Gerichte beschäftigen und deshalb sind alle Geldflüsse dazu öffentlich gemacht.

Weist kann nämlich auch in Stuttgart nicht mehr an alte Zeiten anknüpfen, denn sein Körper spielt einfach nicht mehr mit. Die Kickers haben zu dem Zeitpunkt erst 30.000 DM der abgemachten Ablöse bezahlt. Den Rest will der Zweitligist nun nicht bezahlen, weil Bremen ihnen einen „kaputten Mann" geschickt hätte und die Kickers sich von Werder „arglistig getäuscht" sehen. Vor Gericht kommen die Kickers damit aber nicht durch und werden zu einer Zahlung von weiteren 45.000 DM verpflichtet. Außerdem werden zwei Freundschaftsspiele ausgerichtet – eines in Stuttgart, eines in Bremen. Ergeben sich dadurch für Werder Einnahmen von mehr als 35.000 DM, müssen diese mit den Schwaben geteilt werden.

Besonders kreativ wird das Gericht bei der Frage, wer die 20.000 DM Gerichtskosten zu zahlen hat. Richter Dr. Scheel schlägt vor, dass die Freundschaftsspiele im Europapokal-Modus mit Hin- und Rückspiel ausgetragen werden. Der Verlierer muss dann zahlen. In Stuttgart verliert Werder zunächst mit 2:1, aber in Bremen gibt es dann einen 4:2-Erfolg. Damit wird die Gerichtsakte Weist für Werder zu einem vollen Erfolg. Für „Acker" läuft es wesentlich weniger erfreulich, denn der ehemalige U21-Nationalspieler muss seine Karriere verletzungsbedingt beenden. Mit nur 70 Jahren verstirbt Weist 2019 in Dortmund.

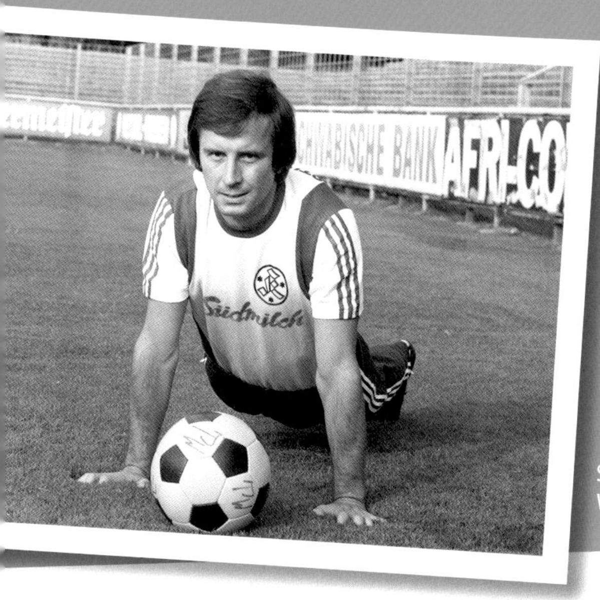

Streitobjekt zweier Vereine:
Weist im Trikot der Kickers

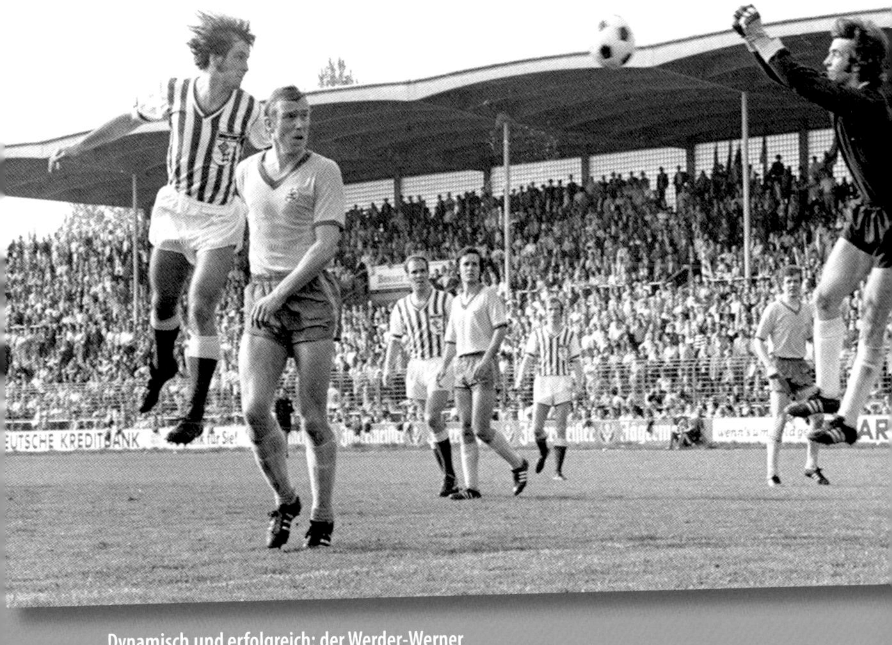

Dynamisch und erfolgreich: der Werder-Werner

Aha

Eine folgenreiche Überfahrt

Erfolg ist im Fußball sicherlich nur in einem begrenzten Maße planbar, was aber nicht heißt, dass man es gar nicht erst versuchen sollte. Im Gegenteil: Gut geführte Klubs haben langfristig einen großen Vorteil. Es entbehrt deshalb nicht einer gewissen Ironie, dass eine der entscheidenden Weichenstellungen zu Werders Aufschwung Anfang der achtziger Jahre einem glücklichen Zufall entspringt.

Werder sucht im Sommer 1981 einen neuen Manager. Rudi Assauer hat den Verein Richtung Schalke verlassen und die Nachfolge-Suche gestaltet sich schwieriger als gedacht. Rund 70 Bewerbungen haben Präsident Dr. Franz Böhmert und Vize Klaus-Dieter Fischer sondiert, aber der Wunschkandidat ist nicht zu haben. Eine vertrackte Situation, denn nach dem direkten Wiederaufstieg müssen wichtige Entscheidungen getroffen werden.

Einen Monat vor dem Start der Saison 1981/82 treten die Bremer unter dem recht neuen Trainer Otto Rehhagel im Intertoto Cup in Malmö an. Mit dabei ist auch SPD-Politiker Willi Lemke, der den beiden Werder-Verantwortlichen freundschaftlich verbunden ist. Auf der Überfahrt von Travemünde nach Trelleborg spielen die drei Skat und Böhmert und Fischer berichten über die festgefahrene Lage bei der Manager-Suche. „Willi, wäre das nicht was für dich, Werder-Manager?“, fragt Fischers Ehefrau Edith. Von Präsident und Vize kommt dazu keine Reaktion, aber bei Lemke schlägt es ein wie ein Blitz.

Zurück in Bremen arbeitet er ein 27-seitiges Papier aus und stellt dieses zunächst Präsident, Vize und Schatzmeister vor. Die sind angetan, sehen aber ein Problem: Als stadtbekannter Sozi könnte der eher konservative Wirtschaftsrat des Klubs – ein inoffizieller Zusammenschluss finanzstarker lokaler Partner – eventuell ein Problem mit Lemke als Manager haben. Böhmert möchte deshalb, dass die Financiers das Gefühl haben, sie wären selbst auf diese Idee gekommen. Um diesen Plan umzusetzen, wird Ratsmitglied Dieter C. Ernst im Vorfeld angesprochen. Der ist sofort einverstanden. Lemke hat nun ein Trojanisches Pferd als As im Ärmel.

Willi Lemke hält vor dem Wirtschaftrat einen flammenden Vortrag, was bei Werder alles geschehen müsste, um den Klub nach dem Aufstieg in der Bundesliga zu etablieren und was die Aufgabe des Managers dabei wäre. Alles, ohne sich selbst für den Posten ins Spiel zu bringen. „Könnten Sie das nicht machen?", fragt Ernst anschließend Lemke, der nun von der gesamten Runde fast bestürmt wird, den Posten zu übernehmen. Fischer fährt Lemke an diesem Abend nach Hause und noch im Auto handeln die beiden per Handschlag Lemkes ersten Werder-Vertrag aus. 10.000 DM plus Prämien.

Viele seiner Pläne – wie die sportliche Etablierung in der Bundesliga, den positiven Imagewandel oder die Modernisierung des Stadions – kann Lemke anschließend im Zusammenspiel mit Otto Rehhagel umsetzen. Nur an einer Idee beißt er sich die Zähne aus. Der frischgebackene Werder-Manager würde das Klubwappen gerne „moderner, frischer und schicker" gestalten. Es ist einer der wenigen Vorschläge, bei dem Lemke der Wind in Bremen ordentlich ins Gesicht bläst. Deshalb wird das Vorhaben dann auch schnell zu den Akten gelegt.

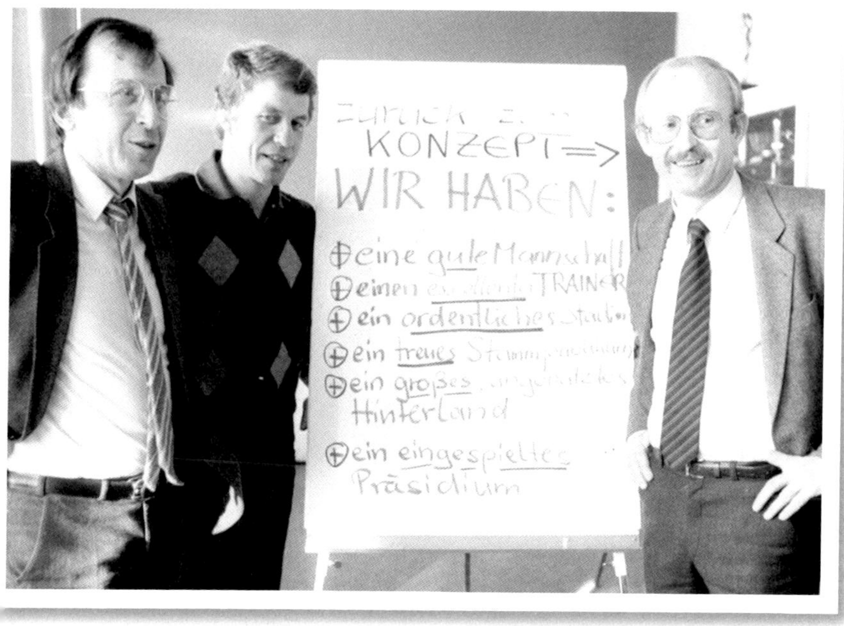

Neu-Manager Willi Lemke (r.) mit seiner Erfolgsskizze,
Präsident Dr. Franz Böhmert (l.) und Trainer Otto Rehhagel sind einverstanden.

König Otto der Menschliche

Die Bedeutung des Zufalls wird im Fußball häufig unterschätzt. Werders erfolgreichste Epoche Ende der achtziger und Anfang der neunziger Jahre wäre ohne Otto Rehhagel kaum vorstellbar gewesen. Ohne eine vereiste Landstraße zwischen Celle und Braunschweig wäre er aber vermutlich kaum im April 1981 ein zweites Mal als Trainer zu Werder gekommen. Vorgänger Kuno Klötzer führte nach dem Abstieg 1980 die Mission direkter Wiederaufstieg schließlich sehr erfolgreich an, aber nach einem Verkehrsunfall muss er wegen immer wiederkehrenden Kopfschmerzen sein Traineramt niederlegen. Manager Rudi Assauer setzt sich zunächst auf die Bank, präsentiert dann aber Otto Rehhagel als Nachfolger. Der klassische Feuerwehrmann macht dann nicht nur den Aufstieg perfekt, sondern prägt den Klub anschließend über 14 Jahre wie kein anderer Trainer nach ihm.

Zu seinem Abschied 1995 lässt Radio Bremen eine 2,50 Meter große Statue für König Otto aus Pappmaché anfertigen. Und König ist durchaus der richtige Titel für Rehhagel, denn er ist im sportlichen Bereich allein verantwortlich. Alle Entscheidungen über Transfers und Personal liegen in dieser Zeit bei ihm. Willi Lemke kümmert sich um die wirtschaftliche Umsetzung, Rehhagel um den sportlichen Bereich. Eine Verbindung, die so gut funktioniert, weil Rehhagel ein fast unheimliches Gespür für vielversprechende Spieler hat. Dass er eigentlich Schatzschneider statt Völler wollte (siehe folgende Geschichte) ist eine seltene Ausnahme.

Meisterschaft, DFB- und Europapokal machten aus Otto Rehhagel …

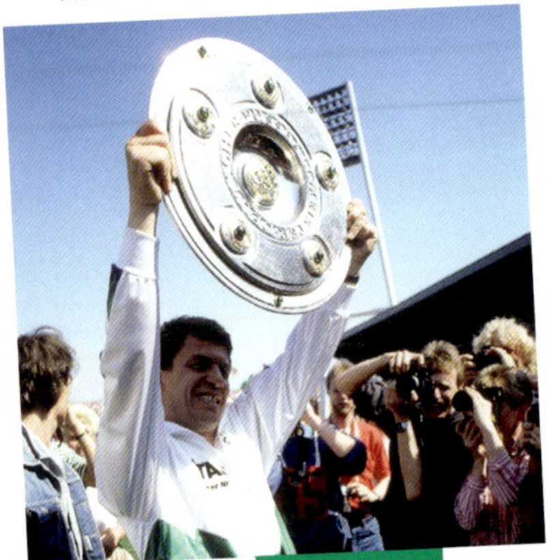

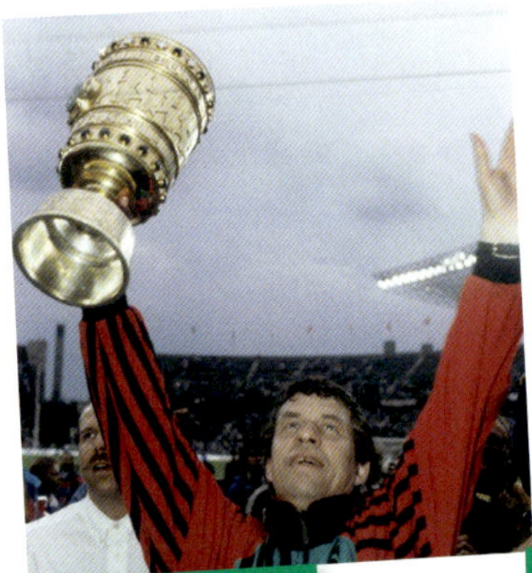

Die Liste der Volltreffer ist hingegen sehr lang. Aus dem unbekannten Rune Bratseth formt er einen der besten Verteidiger der Welt. Beim Probetraining in Bremen lässt er den Norweger direkt gegen Rudi Völler antreten und will ihn danach unbedingt haben. Lemke holt ihn zum Dumpingpreis nach Bremen. Mit Schlapphut und Mantel getarnt beobachtet Rehhagel in Oberhausen den alternden Zweitligastürmer Manni Burgsmüller und holt ihn mitten in der Saison 1985/86 nach Bremen. Am Ende steht nur der Pfosten beim Kutzop-Elfmeter der Bremer Meisterschaft entgegen.
Weiter geht es mit Spielern wie Riedle, Rufer, Herzog oder Basler. Werder gehört aufgrund dieser glänzenden Personalpolitik zur Spitzengruppe in Deutschland. Zusätzlich zu den Transfers gelingt es Rehhagel auch immer wieder, Spieler von kleineren Klubs aus der Umgebung in die Mannschaft zu integrieren. Dieter Eilts, Marco Bode oder Thomas Wolter schaffen es so bis in die Nationalmannschaft. Rehhagels Erfolgsgeheimnis ist dabei der menschliche Umgang mit seinen Spielern. Als Thomas Wolter beispielsweise als Probespieler vom Eimsbütteler Ballspiel Club nervös am Bremer Bahnhof ankommt, empfängt ihn Rehhagel mit Frau Beate persönlich und lädt den jungen Mann erstmal zum Frühstück ein. Für Wolter, der auch von Hamburg und Schalke umworben wird, ist danach klar: Ich will zu Otto!
„Als Mensch sind sie mir heilig", betont Rehhagel immer gegenüber seinen Spielern – auch wenn sie vielleicht sportlich gerade nicht gefragt sind. So wird er zunächst zu Otto dem Zweiten und spätestens nach der Meisterschaft 1988 zu König Otto. Mit seinem Weggang 1995 endet auch die Monarchie in Bremen und es dauert einige Zeit, bis der Erfolg an die Weser zurückkehrt.

… einen Regenten, dem in Bremen ein Denkmal gesetzt wurde.

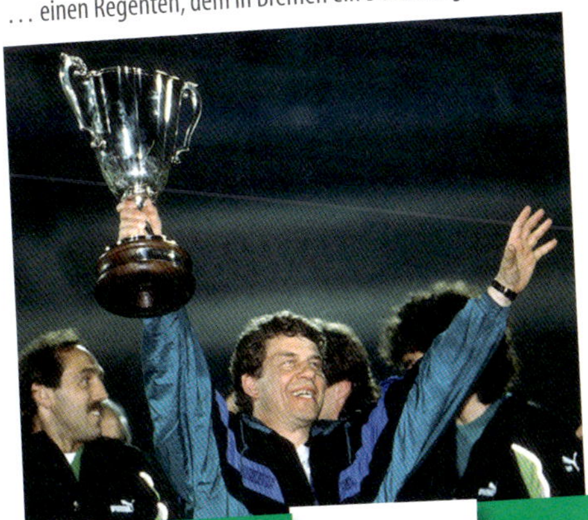

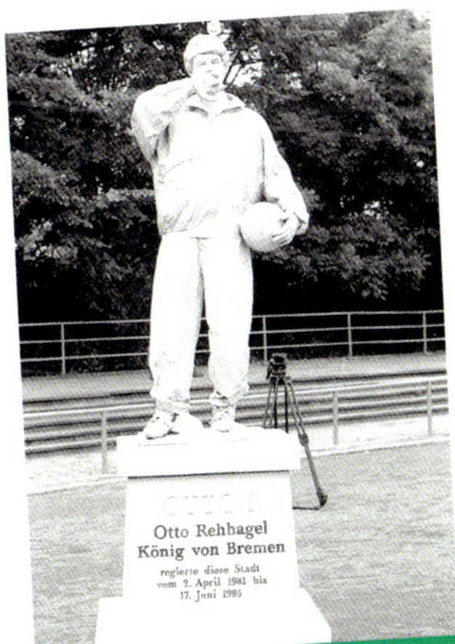

Aha

Juwel statt „Schatz“

Nach dem direkten Wiederaufstieg 1981 spielt Werder eine ganz starke Saison und wird am Ende sensationell Fünfter. Damit gelingt erstmals seit der Meisterschaft 1965 wieder die Qualifikation für einen internationalen Wettbewerb. Jetzt soll für die kommende Saison noch ein Mittelstürmer von Format für den etwas in die Jahre gekommenen Erwin Kostedde kommen. Otto Rehhagel möchte unbedingt Dieter Schatzschneider von Hannover 96 verpflichten, aber die Liste der Interessenten für den Top-Torjäger der 2. Bundesliga ist lang.
Im Hotel Interconti in Hannover wird lange verhandelt, aber „Schatz“ lässt sich einfach nicht zu einem Wechsel nach Bremen bewegen. Schatzschneider will unbedingt zum HSV, denn dort sieht der bullige Angreifer bessere Chancen, sich für die Nationalmannschaft zu empfehlen. Dafür nimmt er sogar noch ein weiteres Jahr in der zweiten Liga in Kauf, denn Hamburg verpflichtet den damals 24-Jährigen zwar schon im Mai 1982, der Wechsel soll aber erst zur Saison 1983/84 vollzogen werden. 1,2 Millionen DM lässt der HSV sich den neuen Stürmer kosten.
Zähneknirschend muss Werder sich nach einer Alternative umschauen und kontaktiert Spielerberater Holger Klemme, der zuvor erfolglos versucht hatte, dem Klub einen anderen Zweitligatorjäger schmackhaft zu machen. „Wir versprechen uns mehr von Schatzschneider“, erwidert Rehhagel zunächst, wie sich Klaus-Dieter Fischer in seinem Buch „Du bist Werder Bremen“ erinnert. So erscheint in Bremen im Sommer 1982 dann zwar nicht Wunschstürmer Dieter Schatzschneider, dafür aber für rund eine Million DM ein gewisser Rudi Völler. Die weiteren Höhenflüge in den achtziger Jahren wären ohne diesen Transfer kaum denkbar gewesen. Etwa zehn Millionen DM bringt der Verkauf von Völler fünf Jahre später. Geld, das der Klub in den Neubau der Westtribüne steckt und damit die Infrastruktur weiter verbessert. Auch deshalb gelingt es Werder immer mehr, den Hamburger SV als die Nummer 1 im Norden abzulösen. Mit dem Schatzschneider-Transfer hat der HSV sogar noch unfreiwillig zu der Wachablösung beigetragen.

Wobei man natürlich nicht weiß, wie Schatzschneider sich in Bremen entwickelt hätte. Der Stürmer selbst bereut seine Entscheidung rückblickend. In einem Interview mit der Hannoverschen Allgemeinen denkt Schatzschneider wehmütig an das Aufeinandertreffen mit Rehhagel zurück: „Er stand bei mir zu Hause auf der Matte, aber ich Dickschädel wollte zum HSV. Das war mein einziger Fehler. Otto hätte mir die Zeit gegeben, und ich hätte mich mit weniger Aufmerksamkeit entwickeln können." Denn während Rudi Völler schon wenige Monate nach seinem Wechsel in der Nationalmannschaft debütiert und auf Anhieb Torschützenkönig sowie Fußballer des Jahres wird, bleibt Schatzschneiders Traum von der DFB-Elf für immer unerfüllt. Völler ist ein echter Superstar und wird zum ersten Spieler, der in Bremen ein siebenstelliges Jahresgehalt bezieht. Und jeder Pfennig davon war extrem gut angelegtes Geld.

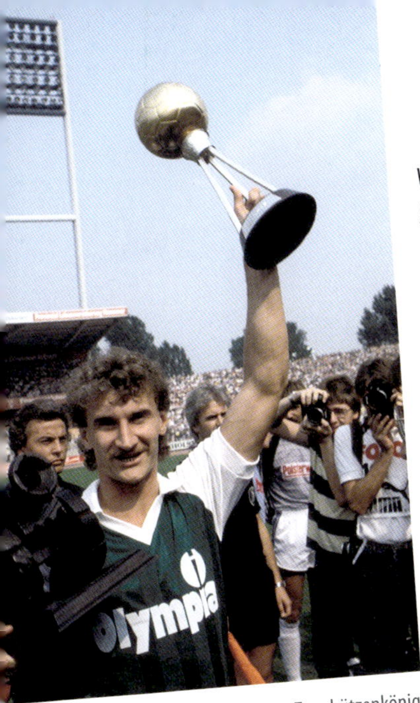

Im ersten Werder-Jahr bereits Torschützenkönig und Fußballer des Jahres …

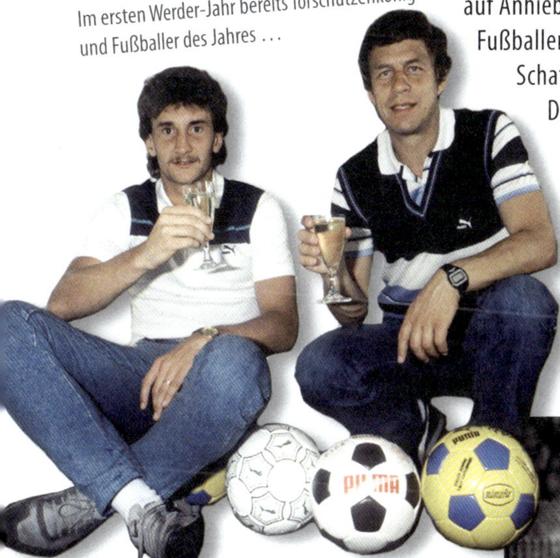

… da ist ein Gläschen Sekt schon angebracht: Rudi Völler mit Trainer Otto Rehhagel

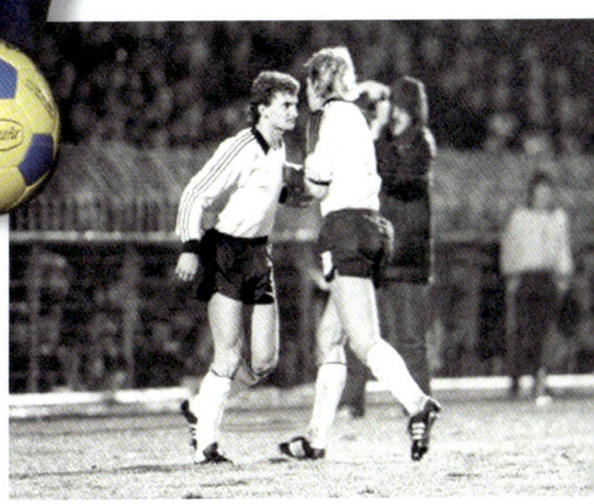

Zu allem entschlossen: Rudi Völler machte seinen Weg auch in der Nationalmannschaft, hier bei seinem ersten Auftritt am 17. November 1982 in Belfast.

Aha

Grazer Nächte sind lang

Zu den zu Recht in der Versenkung verschwundenen Wettbewerben zählt der UEFA Intertoto Cup. Zwischen 1967 und 1994 spielten Teams der zweiten und dritten europäischen Garde in sportlich bedeutungslosen Spielen gegeneinander, die aber Toto-Wetten auch in der Sommerpause ermöglichten. Ab 1995 gab es für die Sieger zumindest noch die Teilnahme am UEFA-Cup als Aufwandsentschädigung, aber davor ging es nur um Startgeld und Punktprämien – und die waren für größere Klubs kaum attraktiv.

1982 machte der SV Werder durch den Intertoto Cup aber dennoch ein sehr gutes Geschäft – was weniger mit dem Geschehen auf dem Rasen als mit den abendlichen Aktivitäten zweier Spieler zu tun hatte. Im Juli 1982 trat Werder bei Sturm Graz an. Die Partie ging trotz eines Tores von Neuzugang Rudi Völler mit 2:1 verloren. Drei Werder-Profis ließen sich davon aber nicht die Laune verderben und setzten sich ins Grazer Nachtleben ab.

Allerdings hatten das Trio wohl das nötige Kleingeld vergessen, denn gegen zwei Uhr nachts klingelte bei Manager Willi Lemke im Hotel das Telefon. Die Spieler hatten sich ein wenig übernommen und standen jetzt in einem einschlägigen Etablissement mit etwa 4.000 DM in der Kreide. Lemke versprach, die Akteure aus ihrer misslichen Lage zu befreien und rief ein Taxi. „Der Taxifahrer hat große Augen gemacht, als ich ihm gesagt habe, wo es hingehen soll“, erinnert sich der damalige Manager heute.

Am Ziel angekommen kümmerte er sich tatsächlich um die Begleichung der Schuld – nicht aber, ohne zuvor mit den drei Stammspielern auf losen Papierblättern die Verlängerung ihrer Verträge zu günstigen Konditionen zu vereinbaren.

1979, 1981, 1985 und 1998 gehörte Werder zu den Siegern im Intertoto Cup, aber dennoch war die Teilnahme 1982 irgendwie die erfolgreichste.

Null Spiele, eine Rote Karte

Vermutlich werden sich die wenigsten Werder-Fans – unabhängig vom Alter – an Klaus Funk erinnern. Der Torhüter wechselt 1981 von Eintracht Frankfurt als Ersatzmann für Dieter Burdenski an die Weser und kommt lediglich in der Endphase der Saison 1985/86 drei Mal zum Einsatz. Zuvor sorgt er schon für einen Bundesliga-Rekord, auf den man allerdings nur bedingt stolz sein kann.
1984/85 hat Werder drei Spieltage vor Schluss zwei Punkte Rückstand auf den FC Bayern und befindet sich noch mitten im Meisterrennen. Am 32. Spieltag geht es zur bereits abgestiegenen Eintracht aus Braunschweig. Eigentlich eine klare Angelegenheit, aber es entwickelt sich trotz des frühen Führungstors von Rudi Völler eine sehr zähe Partie. Bei Werder liegen die Nerven blank und nachdem Johnny Otten nach einer Tätlichkeit die Rote Karte sieht, geht es an der Außenlinie hoch her. Co-Trainer Kalli Kamp und eben Klaus Funk bestürmen den Linienrichter und zumindest Kamps Wortwahl ist auch überliefert. Als „Penner" beschimpft dieser den Assistenten und wird dann ebenso auf die Tribüne verwiesen wie Ersatztorhüter Funk. Da geht fast unter, dass Uwe Reinders in der Schlussphase noch für den 2:0-Endstand sorgt.
Funk sieht damit eine Rote Karte, bevor er eine einzige Bundesliga-Minute für Werder absolviert. Er kommt so in der Saison 1984/85 auf null Einsätze, aber einen Platzverweis. Das ist bis heute Bundesliga-Rekord! Funk nimmt die Sache damals mit Humor und muss auch nicht mit allzu schlimmen Konsequenzen rechnen. „Diese Aufführungen am Spielfeldrand billige ich nicht", erklärt Werder-Präsident Dr. Franz Böhmert nach der Partie, um dann die Angelegenheit ad acta zu legen: „Aber ein wenig Verständnis habe ich durchaus, denn das Schiedsrichter-Gespann provozierte durch unmögliche Entscheidungen!" Am Ende bleibt ein Rekord, aber kein Ruhmesblatt für alle Beteiligten.

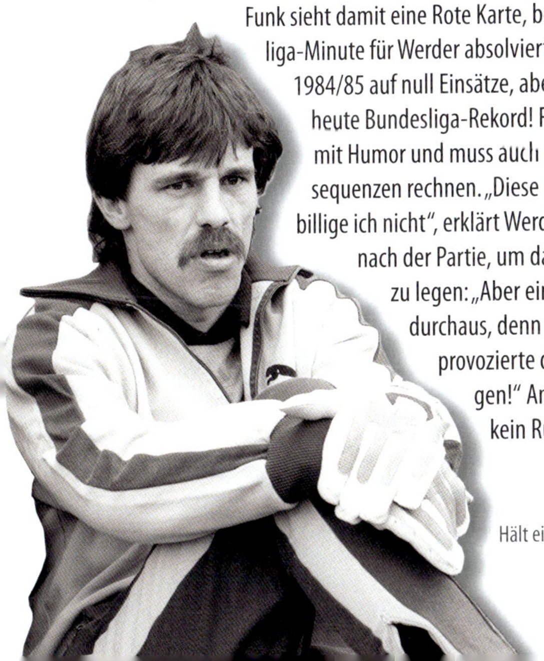

Hält einen eigenwilligen Rekord: Klaus Funk

Aha! Extra

Die Bundeswehr ist schuld!

Der Schmetterlingseffekt beschreibt in der Wissenschaft das Phänomen, dass nicht vorhersehbar ist, wie sich geringfügige Änderungen in einem System langfristig auswirken. Der Begriff stammt vom US-Meteorologen Edward Norton Lorenz, der 1972 einen Vortrag hielt mit dem Titel „Kann der Flügelschlag eines Schmetterlings in Brasilien einen Tornado in Texas auslösen?". Was das Ganze mit Werder zu tun hat? Nun ja, wenn schon ein Schmetterling solche Auswirkungen hat, was kann dann erst ein verspäteter Hubschrauber der Bundeswehr alles auslösen? Vielleicht hat nicht der verschossene Kutzop-Elfer Bremen 1986 die Meisterschaft gekostet, sondern ein schusseliger Pilot, der sich auf dem Weg zum Münchner Olympiastadion verflogen hat. Klingt abwegig? Nicht unbedingt.

Am 23. November 1985 tritt Werder als Spitzenreiter beim Tabellendritten aus München

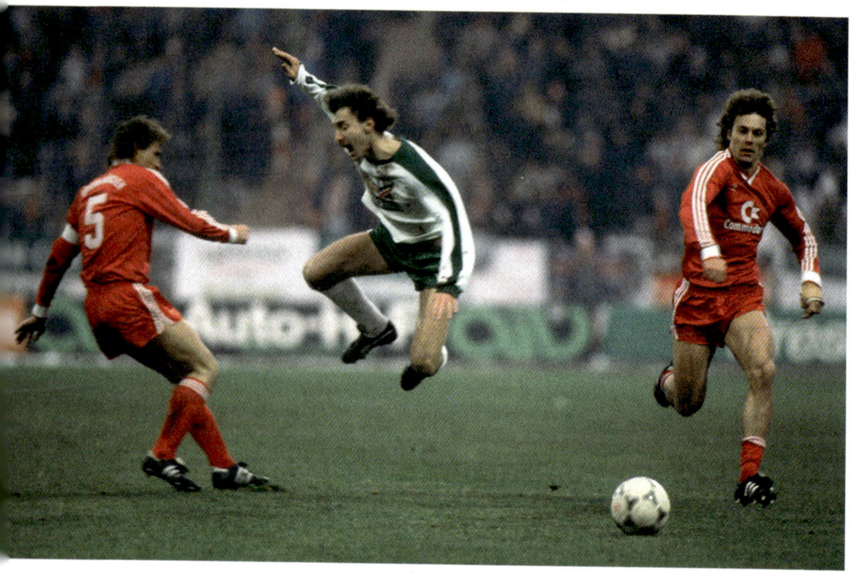

Klaus Augenthaler hat zugetreten, Völler eine fünfmonatige Verletzungspause vor sich – für Uli Hoeneß „ein normales Foul"

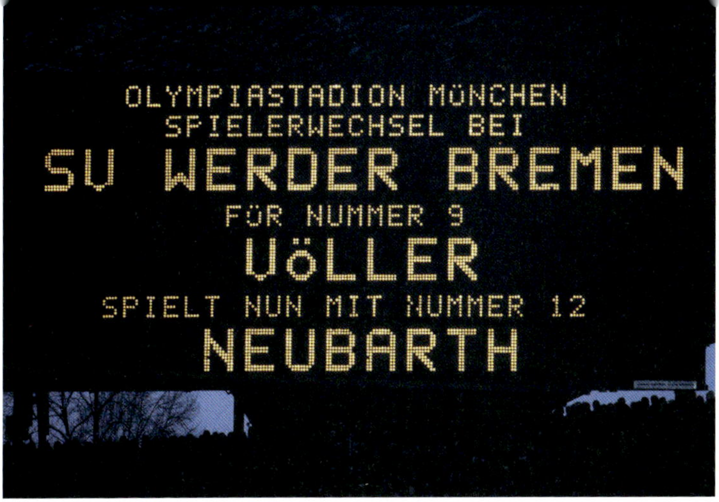

Bremen wechselt Frank Neubarth für Rudi Völler nach einem bösen Foul von Klaus Augenthaler ein

an. Es ist ein Spiel, das die Beziehung der beiden Klubs und das Verhältnis der Manager Lemke und Hoeneß auf Jahre prägen wird. Klaus Augenthaler tritt Rudi Völler schon in der Anfangsphase brutal ins Krankenhaus, kommt aber mit einer Gelben Karte davon. Wer Reue oder eine Entschuldigung von Seiten der Münchner erwartete, sah sich getäuscht. „Wir müssen uns daran gewöhnen, dass Fußball ein Männersport und nichts für Klosterschüler ist", gibt Uli Hoeneß anschließend gewohnt sympathisch zu Protokoll. Trainer Udo Lattek erinnert daran, dass man schließlich „kein Tischtennis oder Schach" spiele. „Was soll man dazu sagen? Solche Keckheit macht sprachlos", kommentiert damals der Kicker und auch in Bremen kommt die komplette Empathielosigkeit der großen Bayern überhaupt nicht gut an. Es ist der Auslöser einer langen Fehde.

Vielleicht wäre an diesem Nachmittag aber alles ganz anders gekommen, wenn Schiedsrichter Gerhard Theobald pünktlich angepfiffen hätte. Aber um 15:30 Uhr fehlt noch etwas sehr wichtiges: der Spielball. Für dieses absolute Spitzenspiel hat man sich nämlich etwas ganz Besonderes ausgedacht – ein Hubschrauber des Heeresflieger-Regiments 26 aus Roth bei Nürnberg soll den Spielball aus luftiger Höhe über dem Spielfeld abwerfen. Der Pilot hat aber Probleme mit der Orientierung und findet nicht auf Anhieb die richtige Fluglinie. So wird der Ball mit Verspätung abgeworfen und das Spiel erst um 15:32 Uhr angepfiffen. Vielleicht hätte es die schicksalshafte Begegnung zwischen Augenthaler und Völler nie gegeben, wenn nur um 15:30 Uhr der Ball da gewesen wäre. Ohne die Völler-Verletzung hätte Kutzop in der Saison vermutlich noch ein paar Elfmeter mehr verschießen können und Werder wäre trotzdem Deutscher Meister geworden. Nicht nur meinem sechsjährigen Ich wäre dadurch eine Menge Leid erspart worden.

Werder geht in Berlin vor die Hunde

Zu den legendären Wundern von der Weser gehört zumeist auch ein immer weniger gern erzählter Teil: ein desolates Hinspiel. So ist es beim 1:4 bei Spartak Moskau 1987, beim 0:3 in Lyon 1999 oder auch beim 0:3 bei Dynamo Berlin 1988. Das Spiel in Berlin sticht aus dieser Liste noch einmal heraus, weil es schon in der Vorbereitung auf diese Partie äußerst kurios zugeht. Die Bremer sind nicht ganz im Rhythmus, weil ihr Heimspiel gegen Borussia Dortmund am Wochenende zuvor verschoben werden muss. Der Grund dafür ist wohl einmalig in der Geschichte der Bundesliga: Im Weserstadion findet eine Rassehundeschau statt und da ist kein Platz für ein Fußballspiel.

Auch in Berlin läuft es äußerst unglücklich für Werder. Mannschaftsarzt Dr. Meschede trifft mit einer schmerzstillenden Spritze den Nerv im Bein von Günter Herrmann, mit dem Ergebnis, dass der Mittelfeldspieler sein Bein nicht mehr bewegen und dementsprechend nicht spielen kann. Das Team wird zudem auf Schritt und Tritt von der Stasi begleitet, die laut der „Akte 88" 1724 Mitarbeiter im Einsatz hat – wie Udo Muras in „Mehr als nur ein Spiel" recherchiert hat. Otto Rehhagel ruft dem Kameramann der Staatssicherheit beim Training noch süffisant zu: „Du kannst ruhig alles filmen, wir machen morgen eh alles anders."

In diesen Gedanken hat sich König Otto aber vermutlich ein bisschen zu sehr reingesteigert, denn bei der Aufstellung verzockt er sich gehörig. So bringt er beispielsweise den Norweger Vedad Skogheim, der insgesamt anderthalb Jahre in Bremen weilt, aber nur fünf Pflichtspiele bestreitet und nur ein einziges Mal in der Startelf steht: eben bei jenem 0:3 in Berlin. Aus heutiger Sicht muss man froh über diesen völlig missglückten Betriebsausflug sein, denn ohne die Schmach im Hinspiel hätte das Rückspiel (5:0 für Werder) niemals eine solche Wucht entwickelt.

Populärer Irrtum

Video-Rekorder schießen keine Tore

„Ein Spiel, von dem man noch Jahrzehnte später sprechen wird“, so kommentiert Günter-Peter Ploog den legendären 5:0-Rückspielerfolg von Werder gegen Dynamo Berlin. Um dieses Duell ranken sich zahlreiche Legenden – von perfiden Ablenkungsmanövern und Einschüchterungen im Kabinengang. Vermutlich wird das Drumherum aus heutiger Sicht aber deutlich überhöht. Ich halte es da mit einem berühmten von Adi Preißler inspirierten Rehhagel-Spruch: „Die Wahrheit liegt auf dem Platz!“
Nach dem souveränen 3:0 im Hinspiel reist Dynamo Berlin einen Tag vor dem Rückspiel am 11. Oktober 1988 an – so wie immer bei internationalen Auswärtsspielen. Eigentlich ist für diesen Tag eine Stadtrundfahrt mit Shopping-Tour geplant. Da die Berliner wegen eines Staus erst spät in Bremen eintreffen, wird diese auf den nächsten Tag verschoben. Und hier beginnen die Erzählungen vom heimtückischen Lemke-Plan, der die Dynamo-Spieler mit westlichen Versuchungen abgelenkt haben soll. Der Bremer Manager hat zwar die Tour samt satten Rabatten für die Spieler aus dem Osten organisiert, aber das war eine absolut übliche Praxis bei Spielen gegen Teams aus dem damaligen Ostblock. Natürlich decken sich Doll, Thom und Co. an diesem Tag mit Video-Rekordern, Stereo-Anlagen und Kleidung aus dem Westen ein – aber die Spieler sind sicherlich nicht mit großen Augen durch die Metropole Bremen gewandert und haben das Spiel am Abend völlig vergessen. Dynamo-Kapitän Frank Rohde versichert im Sonderheft „Mehr als nur ein Spiel“, das sich nur mit diesem Duell befasst, in Bezug auf den berühmten Einkaufsbummel: „Abgelenkt hat uns das aber nicht. Wir waren Profis und wussten, was auf dem Spiel steht und dass wir uns konzentrieren müssen. Wenn wir im Ausland gespielt haben, gab es für uns immer ein kleines Zeitfenster für einen Einkauf“, so Rohde. Die Bremer haben schon Erfahrungen mit Teams aus dem Osten und wissen, worauf es die Spieler – aber auch die Offiziellen der Klubs – abgesehen haben.
Manch Bremer Gourmet wird die Europapokal-Auslosungen zu der Zeit auch sehr

intensiv verfolgt haben, denn so kamen die Spieler von Spartak Moskau beispielsweise mit Taschen voller Kaviar nach Deutschland, tauschten diese dann in DM und kauften anschließend groß ein.
Der Anteil des Einkaufsbummels der Ost-Berliner Delegation am späteren 5:0-Sieg des SV Werder? Für mich liegt er eher im Promillebereich. Auch die martialischen Schlachtrufe der Bremer im Gang zum Spielfeld und Burgsmüllers Schrei in die Gästekabine („Kommt raus ihr Feiglinge") werden von ihrem Effekt für meine Begriffe überschätzt. Rohde hat den Ruf gar nicht gehört, Thomas Doll berichtet, dass solche Spielchen fast schon Standard bei Auswärtsspielen – auch in der DDR – waren. Viel entscheidender waren die Umstellungen von Rehhagel, die Taktik-Experte Tobias Escher ebenfalls in „Mehr als nur ein Spiel" anschaulich erklärt. Kutzop und Otten nehmen mit klarer Zuteilung Doll und Pastor aus dem Spiel, Bratseth und Borowka dämmen im Wechselspiel die Kreise von Thom ein und Schaaf hat auf rechts viele Freiheiten. Darin liegt für mich der Schlüssel zu diesem Wunder von der Weser – nicht in den Verlockungen der Bremer Innenstadt.

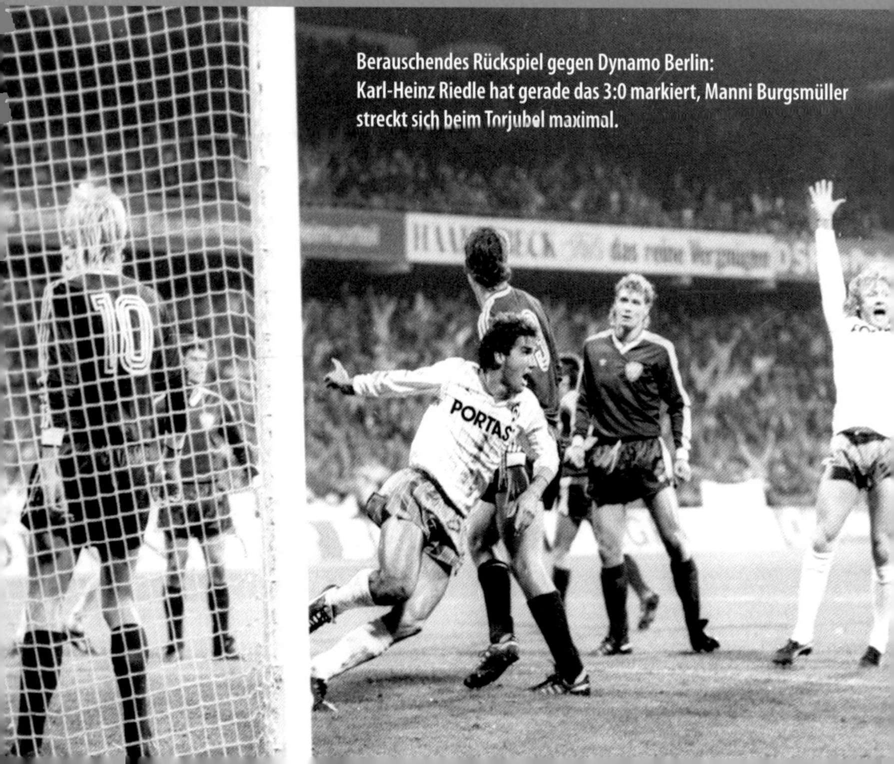

Berauschendes Rückspiel gegen Dynamo Berlin: Karl-Heinz Riedle hat gerade das 3:0 markiert, Manni Burgsmüller streckt sich beim Torjubel maximal.

Der coolste Kiwi aller Zeiten

Wenn beim Kegeln jemand die Kugel so locker die Bahn runter schubst, dass man sie mit einem beherzten Sprint noch vor dem Ziel erreichen kann, kostet das eine Runde. Mindestens. Vor einem ähnlichen Szenario musste man bei Elfmetern von Wynton Rufer immer Angst haben – so lässig, wie „Kiwi" den Torwart ausguckte und den Ball anschließend ins Tor rollte. Aber so sehr die Verteidiger sich auch mühten: Der Ball überquerte immer die Torlinie.

Jetzt wird vielleicht der eine oder andere einwenden: „Stimmt doch gar nicht! Seinen ersten Elfer für Werder am 30. September 1989 gegen Frankfurt hat er doch verschossen!" Erstmal Respekt vor so viel Detailwissen! Uli Stein ist tatsächlich der einzige Profitorwart, der jemals in einem Pflichtspiel einen Werder-Strafstoß von Wynton Rufer halten konnte. Aber gegen die Eintracht war es kein echter Rufer-Elfer. Gegen die Hessen lief der Neuseeländer wie ein ganz normaler Schütze an und schoss irgendwie halbhoch in eine Ecke. Erst danach trainierte er in unzähligen Stunden mit Co-Trainer Karl-Heinz Kamp seine unverwechselbare Art des Elferschießens. Und die feierte im April 1991 Premiere, als er Bayern-Keeper Raimond Aumann überwand. 18 weitere Male trat er anschließend noch für Werder vom Punkt an – und alle Versuche waren drin. Ein Mal wich er aber noch von seiner gewöhnlichen Routine ab – doch das aus gutem Grund.

Am 28. Spieltag der Saison 1992/93 ist der FC Bayern zum Topspiel im Weserstadion zu Gast. Die Münchner führen mit zwei Punkten Vorsprung vor Werder die Tabelle an. Die Gäste gehen zunächst in Führung, aber kurz vor der Pause gibt es Elfmeter für Werder. Der 19-Jährige Uwe Gospodarek steht im Bayern-Tor und Wynton Rufer möchte dem jungen Kollegen offensichtlich noch ein paar Tipps mitgeben. „Deine einzige Chance ist, wenn Du ganz lange stehen bleibst", sagt Rufer zum verdutzten Bayern-Keeper. Eine Aktion, die nicht alle lustig finden: „Ich denk mir: Ist der wahnsinnig. Konzentrier dich auf den Elfer. Tu nicht viel herumreden, hau einfach den Elfmeter rein", erinnert sich Andy Herzog im „Phrasenmäher" an die Situation. Weniger blumig drückt sich Lothar Matthäus aus: „Hey Kiwi, Du Arschloch!", schnauzt

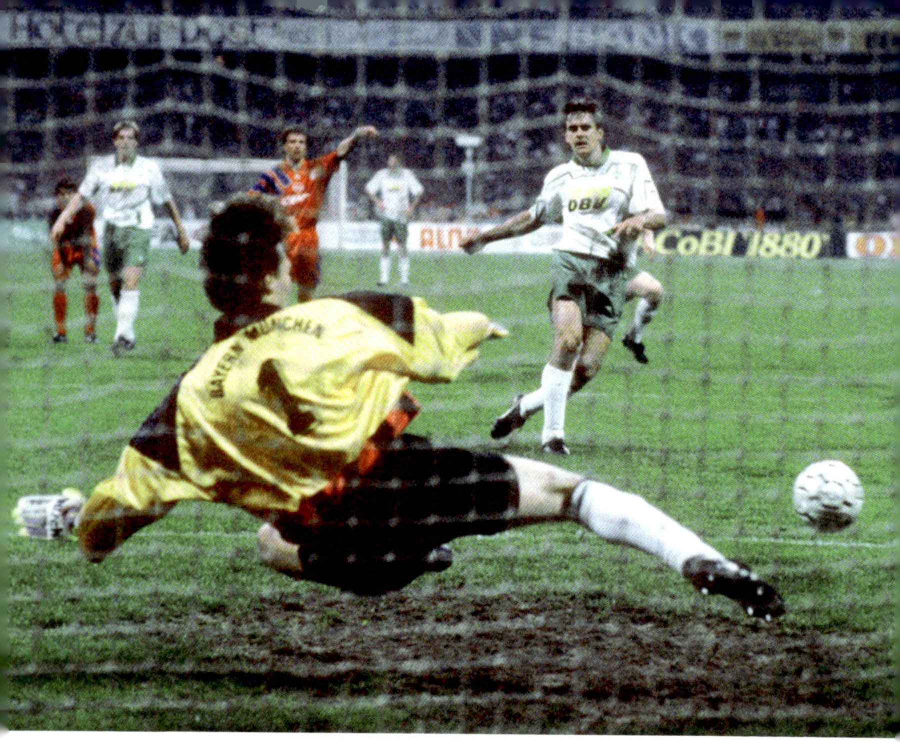

Hat nicht auf Rufer gehört: Gospodarek bewegt sich zu früh.

er Rufer an. Den lässt das aber wie gewohnt kalt. Wie auf rohen Eiern balancierend läuft er an, Gospodarek wird hibbelig und entscheidet sich für die rechte Ecke. Rufer schiebt links ein – 1:1!

Anfang der zweiten Hälfte gibt es erneut Strafstoß für Werder. Wieder geht Rufer vor der Ausführung auf Gospodarek zu. „Du weißt, Du hast nur eine Chance, wenn Du ganz lange stehen bleibst." Diesmal zeigen seine Worte Wirkung und Gospodarek rührt sich nicht vom Fleck. Schade nur, dass „Kiwi" diesmal ungewohnt schnell anläuft und druckvoll in die linke Ecke schießt. „Jetzt hast Du zu lange gewartet", gibt er Gospodarek noch mit auf den Weg, bevor er zum Jubeln abdreht. Am Ende gewinnt Werder 4:1 und wird 1993 Deutscher Meister.

„Ich bin mir bis heute nicht sicher, ob er so mutig war, oder ob er sich einfach nichts geschissen hat", fragt sich Herzog. Die überraschende Antwort liefert mir ein Gespräch mit Rufer vor diesem Buch: „Ich hatte jedes Mal die Hosen voll!"

Aha

Effenberg reizt den Fußballgott

Mario Basler und Stefan Effenberg gemeinsam im Trikot des SV Werder? Das war im Sommer 1994 eigentlich schon beschlossene Sache. „Super-Mario" wechselte bereits 1993 an die Weser und Effenberg sollte ein Jahr später folgen. Nach der verkorksten WM in den USA – Stichwort Stinkefinger – wollte der damals 26-Jährige den AC Florenz verlassen. Otto Rehhagel hatte sich bereits mit dem Spieler getroffen und wollte ihn unbedingt haben. Willi Lemke war sich mit Effenberg und dessen Frau Martina auch schon über einen Vertrag einig, aber es hakte bei den Ablöseverhandlungen mit Florenz.
Im Rahmen des Supercup-Spiels gegen die Bayern in München, das Werder mit 3:1 gewann, sollte der Durchbruch gelingen. In einem Hotel kamen alle Parteien unter einem Dach zusammen und tatsächlich gelang Willi Lemke und Klaus-Dieter Fischer die Einigung mit den Italienern. Die Bremer Verhandlungsführer gingen nun zur Suite, in der die Effenbergs eingemietet waren, um die frohe Kunde zu überbringen. Die schnelle Einigung schien Stefan und Martina zu überraschen und zu der Überzeugung zu bringen, dass vielleicht doch noch ein wenig mehr drin sei. Werder sollte die zuvor per Handschlag vereinbarten Konditionen noch einmal nachbessern. So platzte der schon sicher geglaubte Deal und Effenberg wechselte zwei Wochen später nach Mönchengladbach.
Besonders unangenehm war das für Otto Rehhagel, denn der war sich so sicher gewesen, dass Effenberg nach Bremen kommen würde, dass er schon mit der Sport Bild gesprochen hatte. Die Zeitung war bereits im Druck, als es in der Effenberg-Suite zur Wende kam. So titelte die Sport Bild am 10. August 1994: Exklusiv – Rehhagel: Mein Alleingang mit Effenberg – Ihre geheime lange Nacht in einem Hotel in Zürich. Dort konnte man dann lesen, wie es König Otto geschafft hatte, Effenberg nach Bremen zu lotsen. Eine für alle Parteien äußerst peinliche Angelegenheit.

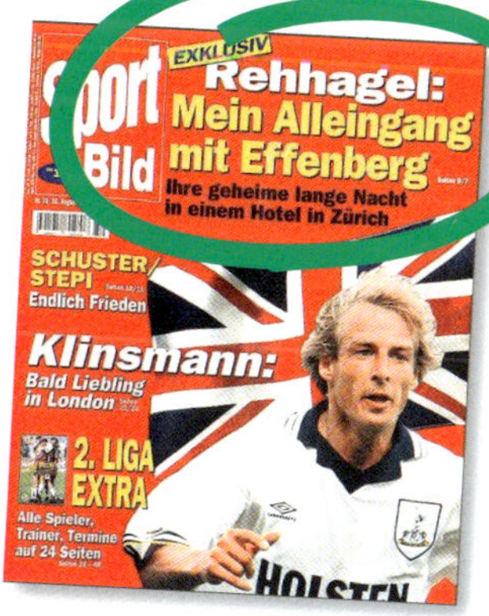

Voreilige Exklusivmeldung: das Cover der Sport Bild

Stefan Effenberg hat damals sicherlich nicht so viele Karmapunkte gesammelt. Die Quittung dafür gab es dann im Pokalfinale 1999. Mittlerweile beim FC Bayern unter Vertrag musste er im Elfmeterschießen nur noch verwandeln, dann wären die Münchner Pokalsieger geworden. Praktisch aus dem Stand schoss Effe den Ball in den Berliner Nachthimmel und Werder holte den Pott. „Der Pfau, der Superpfau, der nur herumpludert, der Herr Effenberg, verschießt – es gibt noch einen Fußballgott", gab ein selig strahlender Andi Herzog nach dem Spiel zu Protokoll. Und diesem Fußballgott missfällt es offensichtlich, wenn man nicht zu seinem Wort steht.

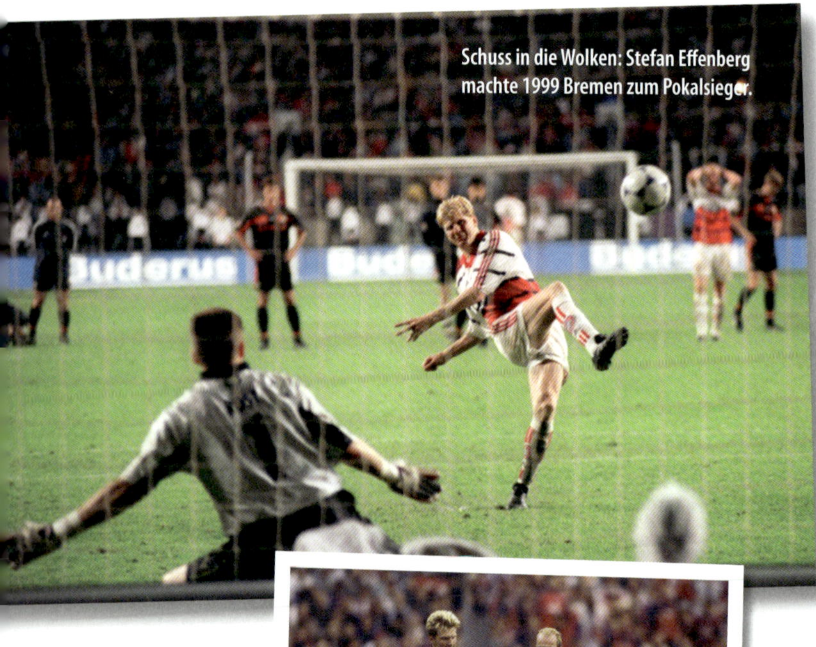

Schuss in die Wolken: Stefan Effenberg machte 1999 Bremen zum Pokalsieger.

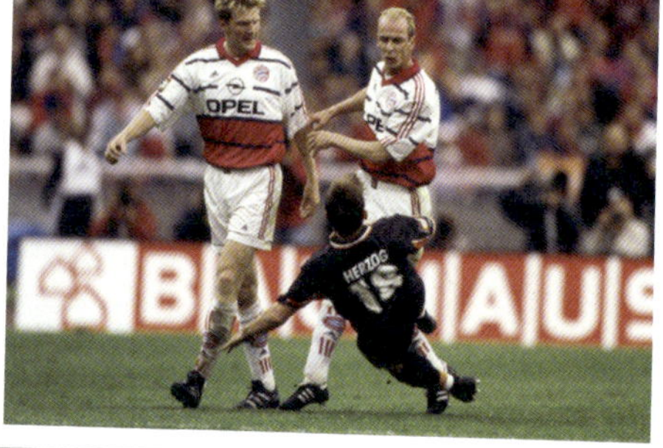

Stefan Effenberg und Mario Basler, hier bei einer gepflegten Unterhaltung mit Andi Herzog, hätten beinahe gemeinsam das Werder-Trikot getragen.

Aha! Extra

Wie Marco den Oliver dreht

Ja, ich weiß, eigentlich ist das ein Buch über Werder, aber auf dieser Seite muss ich einmal kurz abschweifen. Und zwar zur Europameisterschaft 1996. In der Rückschau kommt mir der Bremer Anteil an diesem Titel immer ein wenig zu kurz. Es sind drei Wochen im Sommer, in denen Dieter Eilts der beste defensive Mittelfeldspieler der Welt ist – und das sage ich ohne jede Übertreibung. „Lord Eilts" wird er von der englischen Presse bezeichnet und in der Halbfinal-Schlacht gegen England küren ihn Pelé und Bobby Charlton zum „Most valuable Player". Ausgerechnet im Finale gegen Tschechien verletzt sich „Eisen-Dieter" am Knie. Dafür kommt dann Marco Bode ins Spiel und wird zum gefeierten Helden. Was? Wird er nicht, sagen sie jetzt? Das stimmt natürlich, er wird nur zum Helden. Das mit dem Feiern möchte ich an dieser Stelle nachholen, denn Bode ist entscheidend am deutschen Golden Goal beteiligt. Weil der Linksfuß aus Osterode aber Zeit seiner Karriere doch eher als Chancentod galt, legt er nicht selbst Fuß an, sondern lässt nach seinen präzisen Anweisungen schießen.

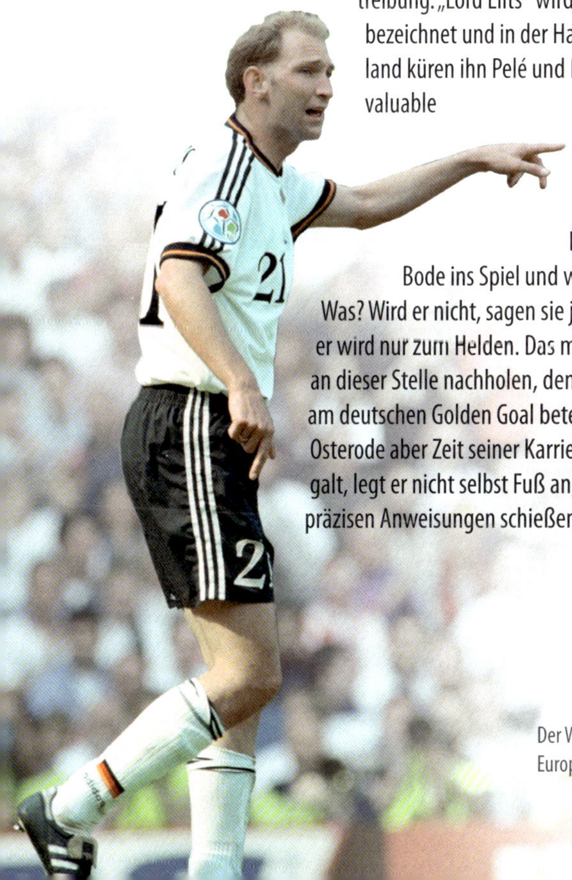

Der Weltklasse-Staubsauger des Europameisters 1996: Dieter Eilts

In der fünften Minute der Verlängerung nimmt Oliver Bierhoff eine Flanke mit dem Rücken zum Tor an, teilt seinem Gegenspieler dann schon einmal telefonisch mit, dass er gleich gedenkt, sich zu drehen und sich den Ball auf seinen stärkeren – ich vermeide das Wort stark an dieser Stelle bewusst – rechten Fuß zu legen. Diesen Plan erkennt auch Bode, der in der Nähe steht. „Andersrum!", schreit der Bremer, Bierhoff gehorcht und trifft mit links. Bierhoff darf anschließend für alle Shampoo-Firmen dieser Welt werben, von Bode wissen viele gar nicht mehr, dass er 1996 überhaupt dabei war, geschweige denn, dass er der Architekt des Golden Goals war. Um dies zu würdigen, lohnt sich der kleine Exkurs, finden Sie nicht?

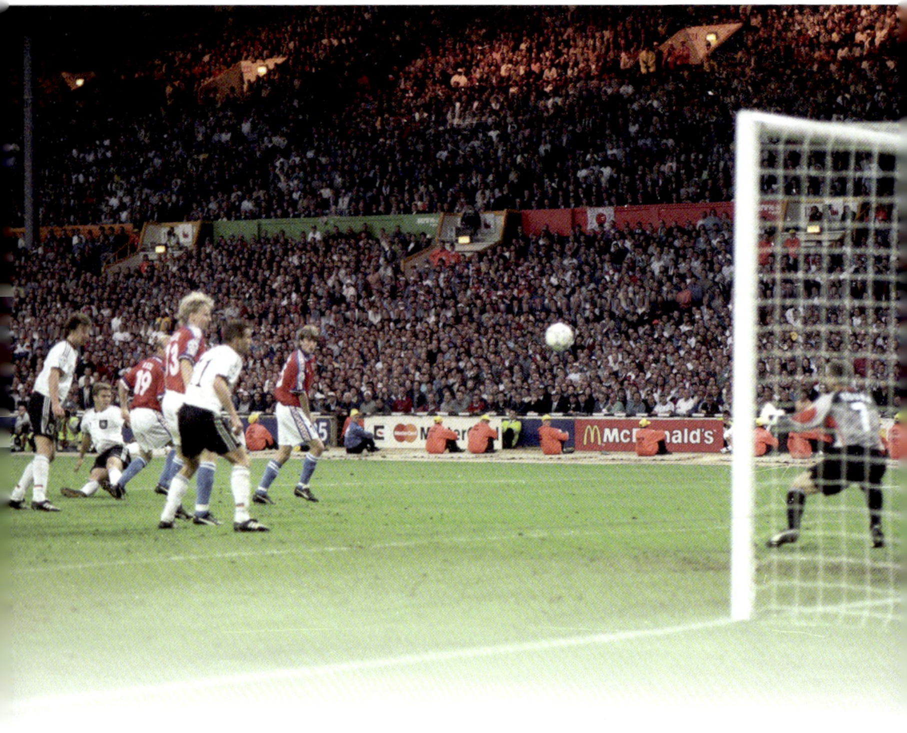

Der Moment des Golden Goals:
Schütze Bierhoff schaut gemeinsam mit
Assistent Bode und Stefan Kuntz gebannt zu.

Populärer Irrtum

Die Geburtsstunde des Lutschers

Der Name Lutscher ist unter Werder-Fans – und ich würde fast so weit gehen zu sagen Fußball-Fans generell – ein fester Begriff. Torsten Frings würde sicher gerne darauf verzichten, denn er mag diese Bezeichnung überhaupt nicht. Es gibt aber Sachen, die lassen sich einfach nicht mehr ändern. Um die Geschichte, wie der Ex-Nationalspieler zu seinem Spitznamen kam, ranken sich viele Legenden. In der gängigsten Variante beschimpft Frings Andreas Herzog und sagt: „Von Dir Lutscher lass ich mir gar nichts sagen." In Wahrheit spielte Andi Herzog tatsächlich eine große Rolle, aber er war nicht der Spieler, mit dem Frings im Training aneinandergeriet.
Am Anfang steht ein banales Aufwärmspiel. Jeder, der schon einmal im Verein Fußball gespielt hat, kennt die Situation: Es wird fünf gegen zwei gespielt, der Ball verlässt das Viereck und es wird sich darüber gestritten, wer jetzt in die Mitte muss. Das ist offensichtlich in der Bundesliga nicht anders als in der Kreisliga – wobei ich nur eins davon aus persönlicher Erfahrung beurteilen kann. Aber zumindest beim SV Werder ist das in der Rückrunde der Saison 1997/98 so. Oliver Reck jedenfalls will da bei einem Training nicht in die Mitte, weil der Pass zu ihm von Frings schon so schlecht gewesen sei, dass er gar nicht mehr richtig reagieren konnte. Frings sieht das naturgemäß anders und fordert Reck seinerseits auf, in die Mitte zu gehen. Verbunden mit einem warmen „Du Lutscher, was willst du eigentlich?", wie sich Herzog bei seinem Besuch im „Phrasenmäher"-Podcast von Kai Traemann erinnert. Dem pfiffigen Wiener wurde die Situation mit dem rotzfrechen Frings dann zu bunt und er giftete zurück: „Torsten, weißt du was: Der Lutscher bist eigentlich du!". Und tatsächlich: Mit dieser Aussage hat Herzog bis heute Recht behalten.

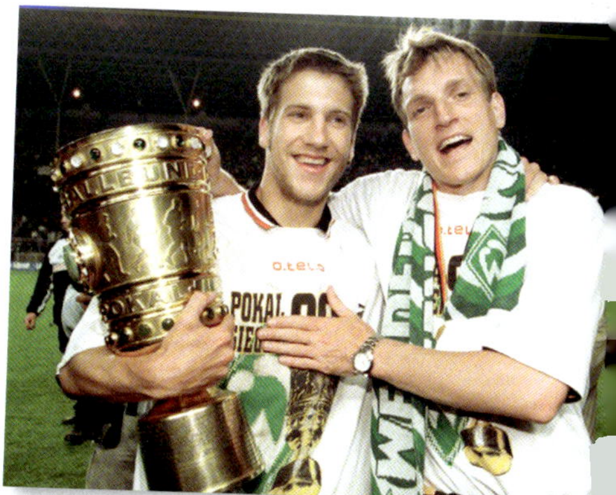

Im Pokalsieg (1999) vereint: Torsten „Lutscher" Frings und sein Namensgeber Andi Herzog

Ein Spielerberater für die Viererkette

Der Sommer 1999 ist vielleicht einer der wichtigsten in der Klubgeschichte des SV Werder. Nach 18 Jahren ist die Ära Lemke beendet und die Suche nach einem Sportdirektor gestaltet sich schwierig. Wunschkandidat Rune Bratseth winkt ab. Hansi Müller ist der zweite auf der Liste und die Bremer verhandeln auch schon mit dem Ex-Nationalspieler, aber letztlich sagt der gebürtige Schwabe ebenfalls ab. „Eine schwere Entscheidung, doch ich wollte nicht riskieren, dass meine Familie auseinanderbricht", begründet Müller damals seine Entscheidung. So fällt die Wahl auf Klaus Allofs, der nun mit dem Makel leben muss, nicht die erste Wahl gewesen zu sein, wie der Kicker die Personalie kommentiert.

Es ist ein weitverbreiteter Irrglaube, Claudio Pizarro wäre anschließend der erste Transfer der Ära Klaus Allofs gewesen. Personell drückt nach der schwereren Verletzung von Bernhard Trares vor allem in der Defensive der Schuh. Der ehemalige Dortmunder Júlio César bietet nun seine Hilfe an. Der Brasilianer hat gerade seine Karriere beendet und versucht nun, als Spielerberater Fuß zu fassen. Er würde gerne einen seiner Schützlinge in Bremen unterbringen, aber für Werder ist niemand Interessantes dabei. Klaus Allofs hat aber eine andere Idee. Thomas Schaaf hatte sich nach der Trares-Verletzung einen erfahrenen Verteidiger gewünscht, der den jungen Baumann führen kann. Und wer wäre erfahrener als ein 36-jähriger ehemaliger Weltstar?

„Ich möchte, dass Du bei uns spielst", sagt Allofs daraufhin zu César, wie sich der ehemalige Bremer Sportdirektor im Podcast „Phrasenmäher" erinnert. „Meine Zeit ist vorbei", wiegelt der zunächst ab, lässt sich dann aber doch breitschlagen. Es ist ein absoluter Glücksfall für Werder. Die Bedeutung von César für die Entwicklung der Bremer Mannschaft kann gar nicht hoch genug eingeschätzt werden – und das, obwohl er letztlich verletzungsbedingt nur 20 Pflichtspiele für Bremen gestaltet.

Der ehemalige Dortmunder ist der Papa der Truppe und nimmt die jungen Spieler an die Hand. „Er ist eine der beeindruckendsten Persönlichkeiten, mit denen ich je zusammen gespielt habe", sagt Baumann rückblickend. Der spätere Meister-Kapitän kommt ebenfalls 1999 nach Bremen und kann sich vom erfahrenen Brasilianer einiges abschauen. Dank des Champions-League-Siegers von 1997 blüht auch ein Spieler auf, der eigentlich in Bremen schon längst auf dem Abstellgleis war: Aílton.

Populärer Irrtum

Gemeinhin wird angenommen, dass der Wechsel von Magath auf Schaaf der Schlüssel zum Durchbruch des Brasilianers war, aber in der Anfangsphase spielt Aílton auch unter Schaaf keine Rolle. Am 1. Spieltag 1999/00 schafft es der Brasilianer gar nicht in den Kader, stattdessen baut Schaaf im Sturm auf Sören Seidel.

Erst nach der Verpflichtung von César kommt der Torjäger richtig in Bremen an. Auch sportlich bringt der Innenverteidiger seine Leistung. Nur die Gesundheit macht ihm einen Strich durch die Rechnung. Am 8. Februar 2000 bestreitet Júlio César sein letztes Pflichtspiel für Werder, aber sein Transfer wirkt noch lange Zeit nach.

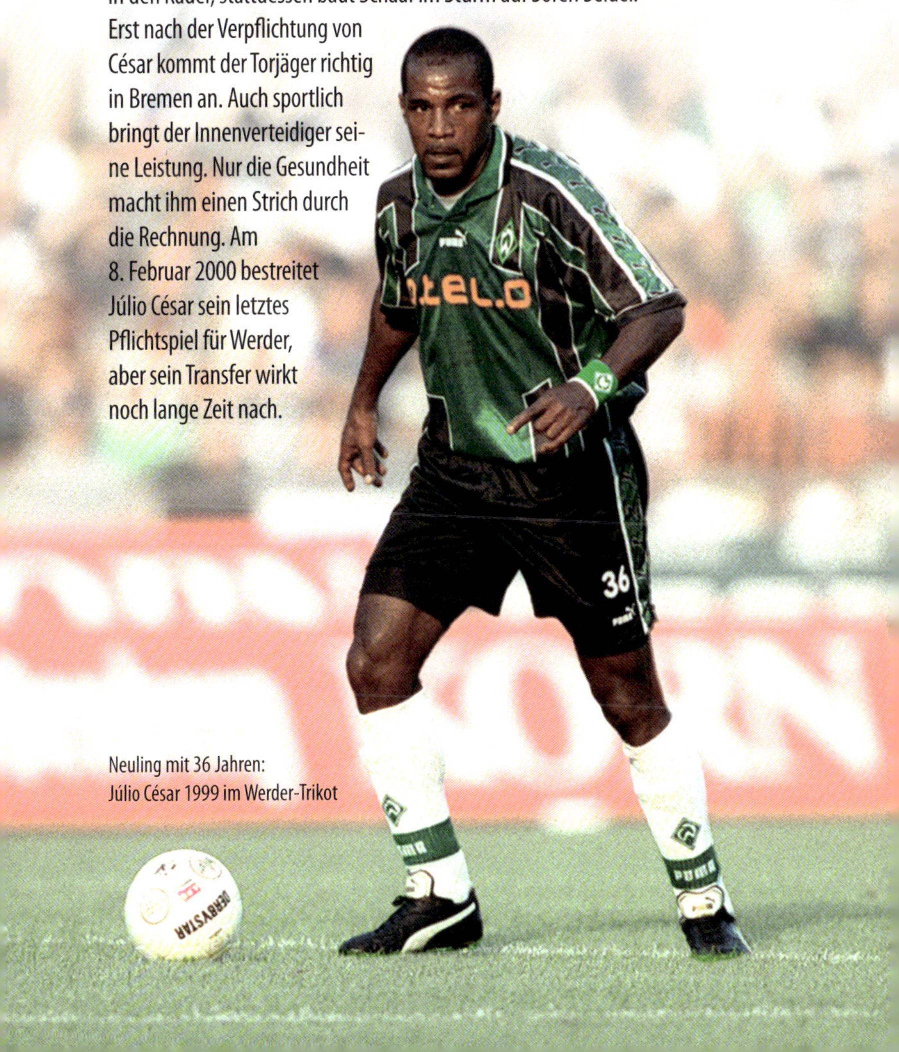

Neuling mit 36 Jahren:
Júlio César 1999 im Werder-Trikot

Aha

Schicksalshafte Begegnung in Bordeaux

Wissen Sie noch, wann Sie ihre große Liebe das erste Mal gesehen haben? Ich kann mich noch ganz genau daran erinnern. Es ist der 30. Juli 1999 und ich bin mit einem Freund im Camping-Urlaub an der französischen Atlantikküste. Bei einem Abstecher nach Bordeaux besuchen wir ein Heimspiel von Girondins. Und im Stade du Parc Lescure kommt es zu einer schicksalhaften Begegnung. Das Spiel ist dramatisch, die Stimmung super und die Nummer 8 von Bordeaux hat es mir mit seiner Spielweise sofort angetan. Elegant und gleichzeitig entschlossen, überragende Ballbehandlung und ein unglaubliches Auge für den Mitspieler. Dieser Spieler mit den blondierten Strähnchen erzielt dann noch kurz vor Schluss mit einem Freistoß in den Winkel den 3:2-Siegtreffer. Und hat einen großen Fan mehr. Der Name des Spielers? Johan Micoud.

Seitdem verfolge ich seinen Werdegang aufmerksam und leide mit ihm, als er aufgrund der Sperre von Zinédine Zidan bei der WM 2002 eine wichtige Rolle spielen soll, nicht überzeugt und danach zum Sündenbock abgestempelt wird. Heute bin Ich froh darüber, denn ohne die katastrophale Weltmeisterschaft wäre Micoud vermutlich nie nach Bremen gekommen. Auch so ist es schwer genug, den Franzosen und seine Frau von einem Engagement an der Weser zu überzeugen. „Wie lange liegt denn Schnee in Bremen?", will Micouds Frau Ana von Klaus Allofs im Zuge der Verhandlungen wissen. Allofs kann die Micouds beruhigen und von einem Wechsel an die Weser überzeugen. Zum Glück hat Madame Micoud damals nicht nach den Niederschlagstagen gefragt, sonst wäre der Wechsel womöglich noch geplatzt.

So wache ich eines Morgens auf, schalte den – die älteren LeserInnen werden sich erinnern –Videotext ein und da steht: „Werder holt Micoud!" Ich kann das gar nicht glauben. Das muss ja Schicksal sein. Zumal es auch ziemlich kurios ist, dass der Franzose sofort mit der magischen 10 auf dem Rücken auflaufen kann, denn im Sommer 2002 präsentierten Allofs und Schaaf eigentlich schon einen anderen Offensivspieler mit dieser Nummer. Angelos Charisteas hält bei seiner Vorstellung ebenfalls die 10 strahlend in die Kameras, will dann aber nach dem Abgang von Rade Bogdanović nach Bielefeld lieber mit der klassischen Torjäger-9 spielen. So ist der Weg frei für

DEN Zehner der Bremer Klub-Historie. Der damals 29-Jährige bringt den ganzen Verein auf ein völlig neues Level. In seinem ersten Jahr fehlt der Mannschaft noch die Konstanz, aber schon da steht Werder nach der Hinrunde auf Rang drei. Mit einem Jahr Anlauf führt „Le Chef" Werder 2003/04 zum Double. Jetzt lieben ihn alle, meinen Jo – und fast bin ich ein bisschen eifersüchtig. Aber wir beide werden immer Bordeaux haben, das nimmt uns keiner mehr.

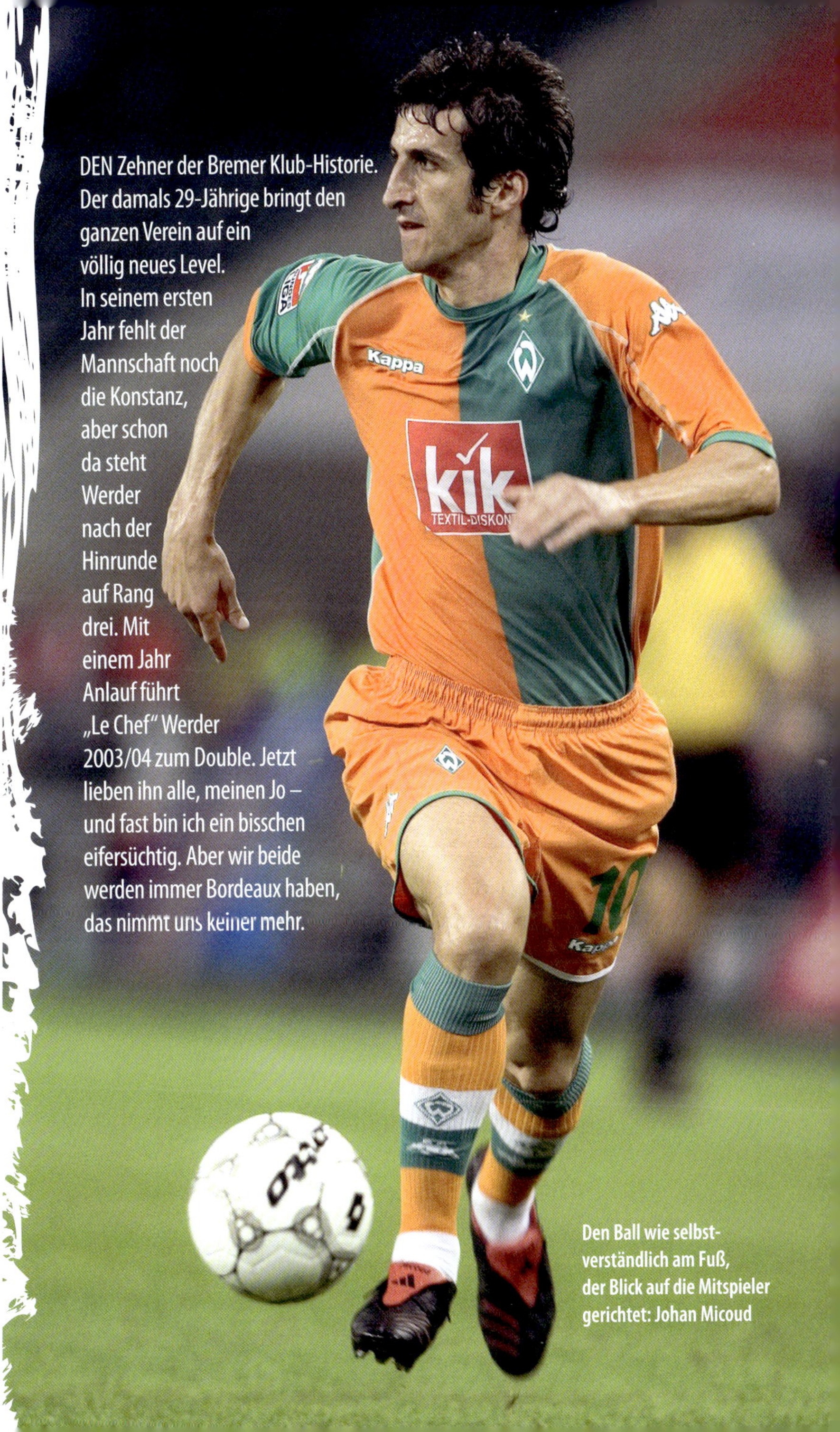

Den Ball wie selbstverständlich am Fuß, der Blick auf die Mitspieler gerichtet: Johan Micoud

Aha! Extra

Das schaaft keiner mehr: der erfolgreichste Werderaner der Geschichte!

Wenn man Werder Bremen bei der Google-Bildersuche eingibt, stößt man zunächst auf die Werder-Raute. Eigentlich müsste man dort das Bild von Thomas Schaaf finden. Klar, Otto war der König, aber niemand ist mehr Werder als Schaaf – und vor allem nicht so erfolgreich. Als Spieler und Trainer wird er drei Mal Deutscher Meister, gewinnt fünf Mal den DFB-Pokal und ein Mal den Europapokal der Pokalsieger. So eine Bilanz kann kein anderer Bremer vorweisen.

Mit elf Jahren kommt er als Jugendspieler in den Verein, zwölf Tage vor seinem 18. Geburtstag debütiert er am 18. April 1979 in der Bundesliga. Es bleibt für längere Zeit sein einziger Einsatz, denn erst nach dem Abstieg 1980 spielt er bei den Profis eine größere Rolle. Nach und nach etabliert er sich als Stammkraft. Über 16 Jahre liegen zwischen seinem ersten Profieinsatz und der Abschiedsvorstellung im Mai 1995. Ab 1999 folgen dann noch einmal über 14 Jahre als Trainer. Eine einmalige Karriere im Fußball.

Ungewöhnlich ist auch sein Weg zum Trainerjob. Bei einer Vertragsverhandlung liegen Schaaf und der Klub ein wenig auseinander. Man findet eine typisch bremische Lösung des Problems: Schaaf wird nebenbei noch Jugendtrainer. Die letzten sieben Jahre seiner aktiven Karriere formt er so schon Werders Nachwuchs und ist bestens vorbereitet, als er nach der Beendigung seiner aktiven Laufbahn die Amateure übernimmt. Als Nachfolger des ungeliebten Felix Magath sitzt er am 11. Mai 1999 zum ersten Mal in der Bundesliga auf der Bremer Trainerbank. Bei seiner Premiere feiert Werder einen immens wichtigen 1:0-Erfolg gegen Schalke im Abstiegskampf. Und was folgt, ist Geschichte.

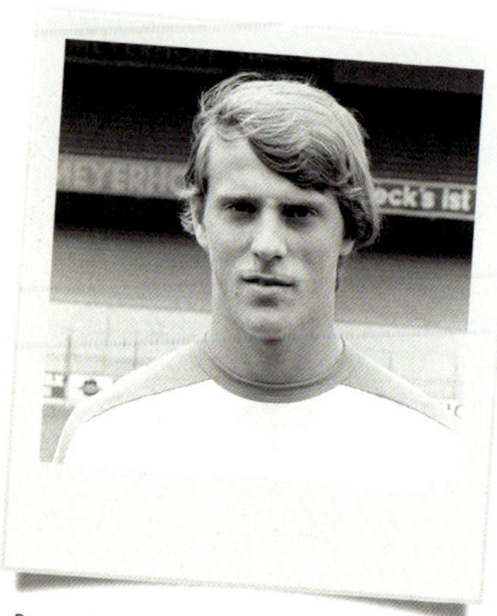

Bremer Novize: Thomas Schaaf 1979

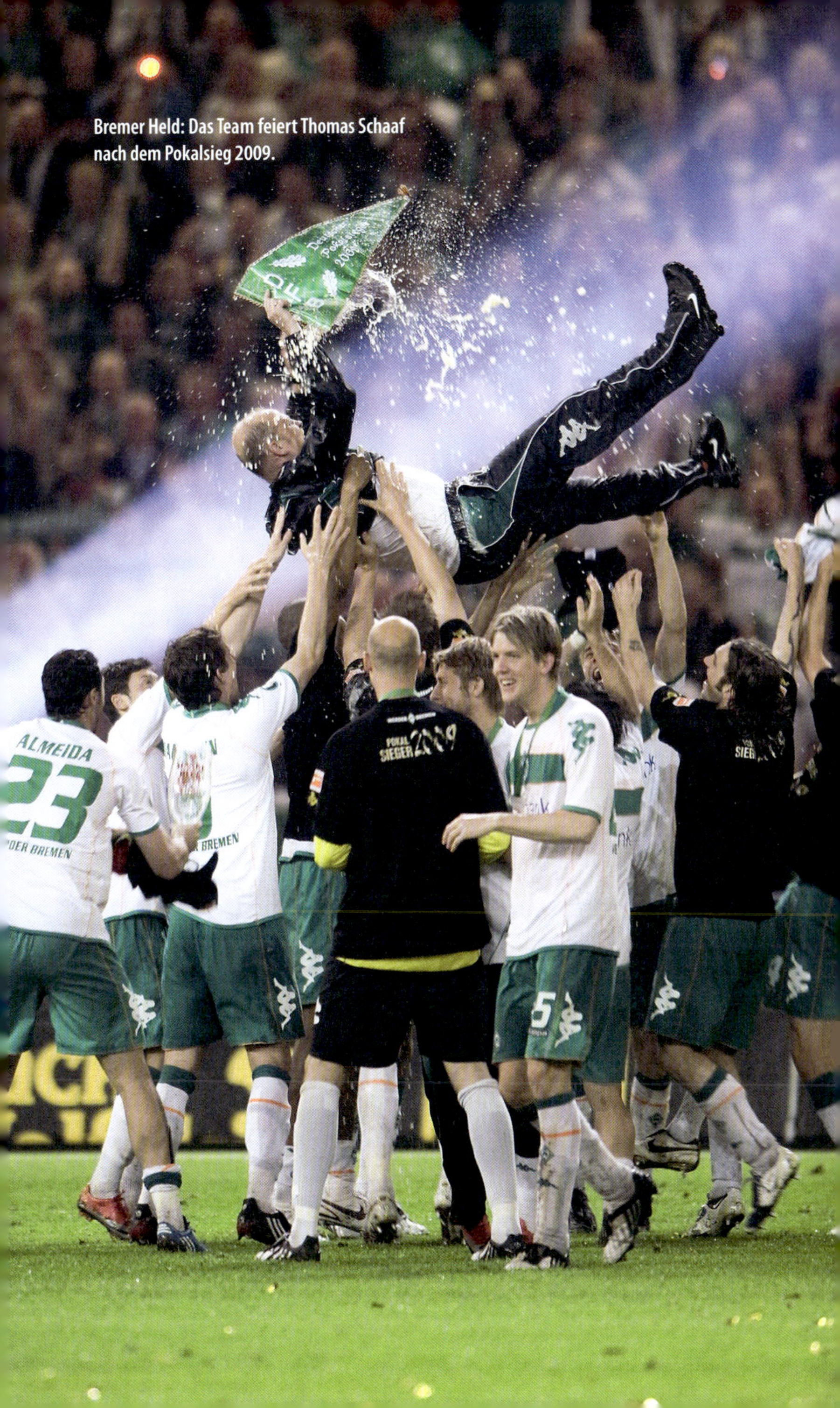

Bremer Held: Das Team feiert Thomas Schaaf nach dem Pokalsieg 2009.

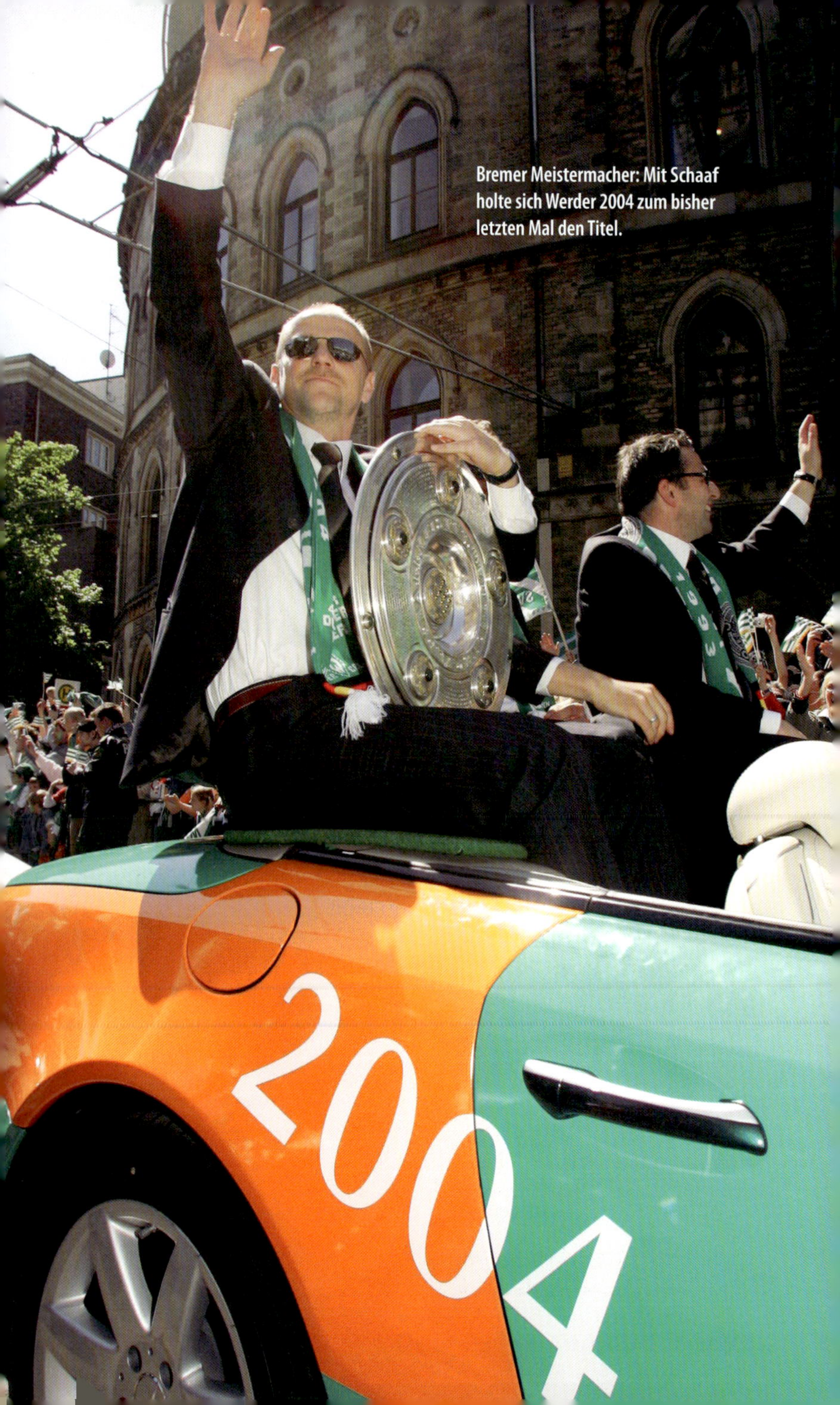

Bremer Meistermacher: Mit Schaaf holte sich Werder 2004 zum bisher letzten Mal den Titel.

Ja Hallo, Herr Borowski!

Wie wird aus einem talentierten Nachwuchsspieler ein Bundesliga-Star? In Deutschland ist die Antwort an den Stammtischen zumeist relativ einfach: Die Mentalität muss stimmen. Das ist natürlich sehr einfach gesprochen, aber vermutlich ist da wirklich etwas Wahres dran. Davon bin ich seit meiner ersten Begegnung mit Tim Borowski überzeugt.

Im Juni 2001 steckt Werders U23 mitten im Abstiegskampf. Nur mit einem Sieg bei Fortuna Köln ist der Abstieg in die Oberliga noch zu verhindern. Das Problem: Die Fortuna kann bei einem Sieg noch den Aufstieg in die 2. Bundesliga schaffen. Natürlich mache ich mich auf den Weg ins gut gefüllte Kölner Südstadion. Eigentlich war ich besonders neugierig auf Simon Rolfes, der mich im A-Jugend-Finale um die Deutsche Meisterschaft gegen Bayer Leverkusen ein Jahr zuvor extrem beeindruckt hatte. Rolfes schafft in seinem ersten Senioren-Jahr aber nicht den Durchbruch und steht nur ein einziges Mal im Bundesliga-Kader. Gegen Fortuna Köln darf der damals 19-Jährige aber von Beginn an ran und zeigt eine ordentliche Leistung. Werder ist spielerisch deutlich stärker und führt zur Pause mit 2:0 – ein Tor davon erzielt zu meiner Freude Simon Rolfes.

Im zweiten Durchgang weht im Kölner Süden dann ein anderer Wind. Die erfahrenen Kölner versuchen die jungen Spieler der Bremer mit Härte zu beeindrucken – und das gelingt mit zunehmender Spieldauer auch immer besser. Auch das Publikum wird immer hitziger und geht einzelne Werder-Spieler immer wieder an. In dieser anspruchsvollen Gemengelage zwischen Abstiegsangst, Aufstiegshoffnungen und aufgeheizten Fans hält vor allem ein Bremer dagegen. Ein gewisser Tim Borowski scheint von den Umständen geradezu beflügelt, behauptet sich seinerseits mit gesunder Härte, feuert seine Mitspieler immer wieder an und geht auch keinem Disput mit dem Publikum aus dem Weg. Umso unverständlicher ist es für mich, dass Trainer Frank Neubarth diesen jungen Borowski für die Schlussphase vom Feld nimmt – wie Rolfes übrigens auch.

So entgleitet den Bremern die Partie noch und die Fortuna trifft in den letzten zehn Minuten zwei Mal. Nun steht es 2:2, ein Ergebnis, das der Fortuna nicht zum Aufstieg und Werder nicht zum Klassenerhalt reichen würde. Dementsprechend wild sind die letzten Minuten, denn beide Teams brauchen unbedingt noch ein Tor. Und

tatsächlich gelingt Blaise Mamoum in der Nachspielzeit noch das 3:2 für Bremen. Tim Borowski springt anschließend von der Bremer Bank auf, tritt die Werbebande um und gestikuliert wild in Richtung der Fortuna-Anhänger, die die Werder-Spieler zuvor mit „Absteiger, Absteiger"-Gesängen bedacht hatten. Diesen Blick der wilden Entschlossenheit habe ich bis heute nicht vergessen.
Im Anschluss an diese Partie in Köln spielt Borowski nur noch zwei, Rolfes hingegen noch 74 Mal in der Regionalliga. Der eine wird im Pokalfinale mit zwei Treffern zum Matchwinner, der andere hat seinen größten Auftritt in der Double-Saison, als er auf der Meistersause nach dem Sieg in München verhindert, dass ein deutlich angeheiterter Ivan Klasnic umfällt.

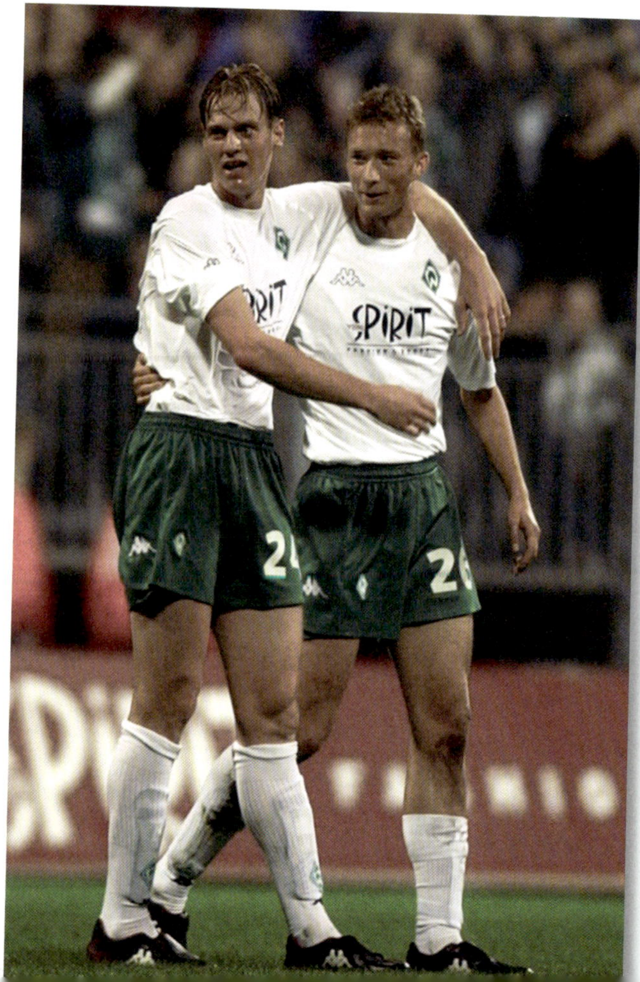

Mentalitätsspieler: Tim Borowski (l.) mit Simon Rolfes

Aha! Extra

Der Rekord des „Dicken“

Es gibt viele heimliche Helden in der Bremer Double-Mannschaft von 2004. Einer der heimlichsten ist vermutlich Andi Reinke. 2002/03 steht er noch in der spanischen zweiten Liga bei Real Murcia unter Vertrag. Erst Ende Juni ist die Spielzeit für Reinke beendet. Für die meisten Profis heißt das: erstmal Urlaub machen. Reinke aber hat andere Pläne. Der Torhüter packt seine Habe sowie einen ordentlichen Weinvorrat zusammen und fährt knapp 3.000 Kilometer mit seinem grünen VW-Bus nach Bremen. Mit Zwischenstopps in Lyon und Kaiserslautern kommt er nach drei Tagen abends in Bremen an. Am nächsten Morgen steht er dann erstmals mit Werder auf dem Trainingsplatz.

Während andere Torhüter „Panther“, „Katze“ oder „Krake“ gerufen werden, ist Reinke der „Dicke“. Vielleicht wird er auch deshalb so oft unterschätzt. Während sich die Presse mit (berechtigten) Lobeshymnen für Ailton, Micoud oder Ismael überschlägt, spielt Reinke fast unbemerkt eine praktisch fehlerlose Saison.

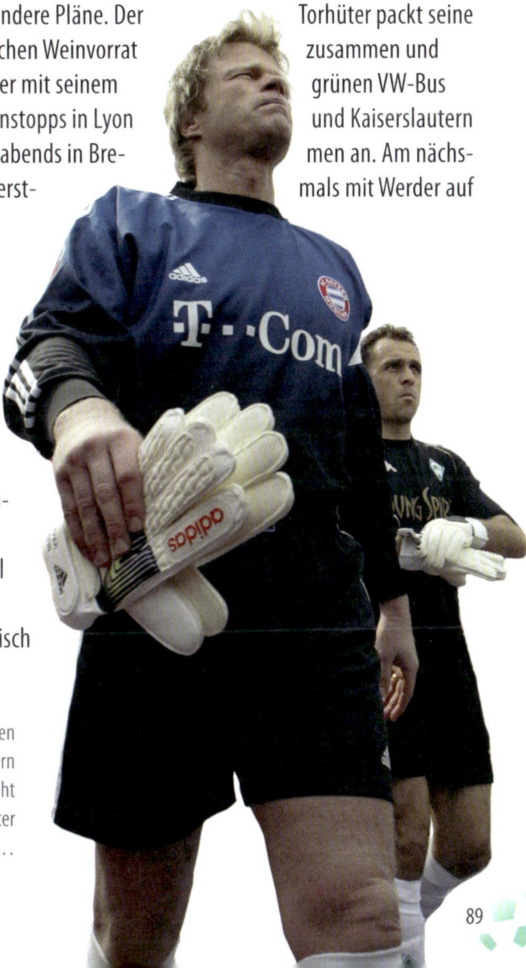

Typisch: Vor dem entscheidenden 3:1-Sieg gegen den FC Bayern München am 8. Mai 2004 steht Andreas Reinke noch in zweiter Reihe hinter Oliver Kahn …

Dass Werder 2003/04 nicht nur die beste Offensive, sondern auch die zweitbeste Defensive stellt, ist auch ein Verdienst des ruhigen Torhüters.

Als der Kicker in der Woche vor dem großen Meisterschafts-Endspiel bei den Bayern einen Mann-gegen-Mann-Vergleich macht, geht der Punkt auf der Torhüterposition wie selbstverständlich an die Bayern. Unter anderem auch, weil der Kicker über Kahn schreibt: „Solche Großaufträge treiben ihn besonders an."

Am Samstag darauf krabbelt aber nur einer der beiden wie ein hilfloser Käfer durch seinen Strafraum und leitet damit die Niederlage seines Teams ein. Reinke spielt wie immer: ruhig und abgeklärt. Fast nebenbei sorgt er dann noch für einen bis heute gültigen Bundesliga-Rekord: Reinke ist der einzige Stammtorhüter, der mit zwei verschiedenen Klubs Deutscher Meister wird. Danach kann er sich dann auch einen richtigen Urlaub gönnen.

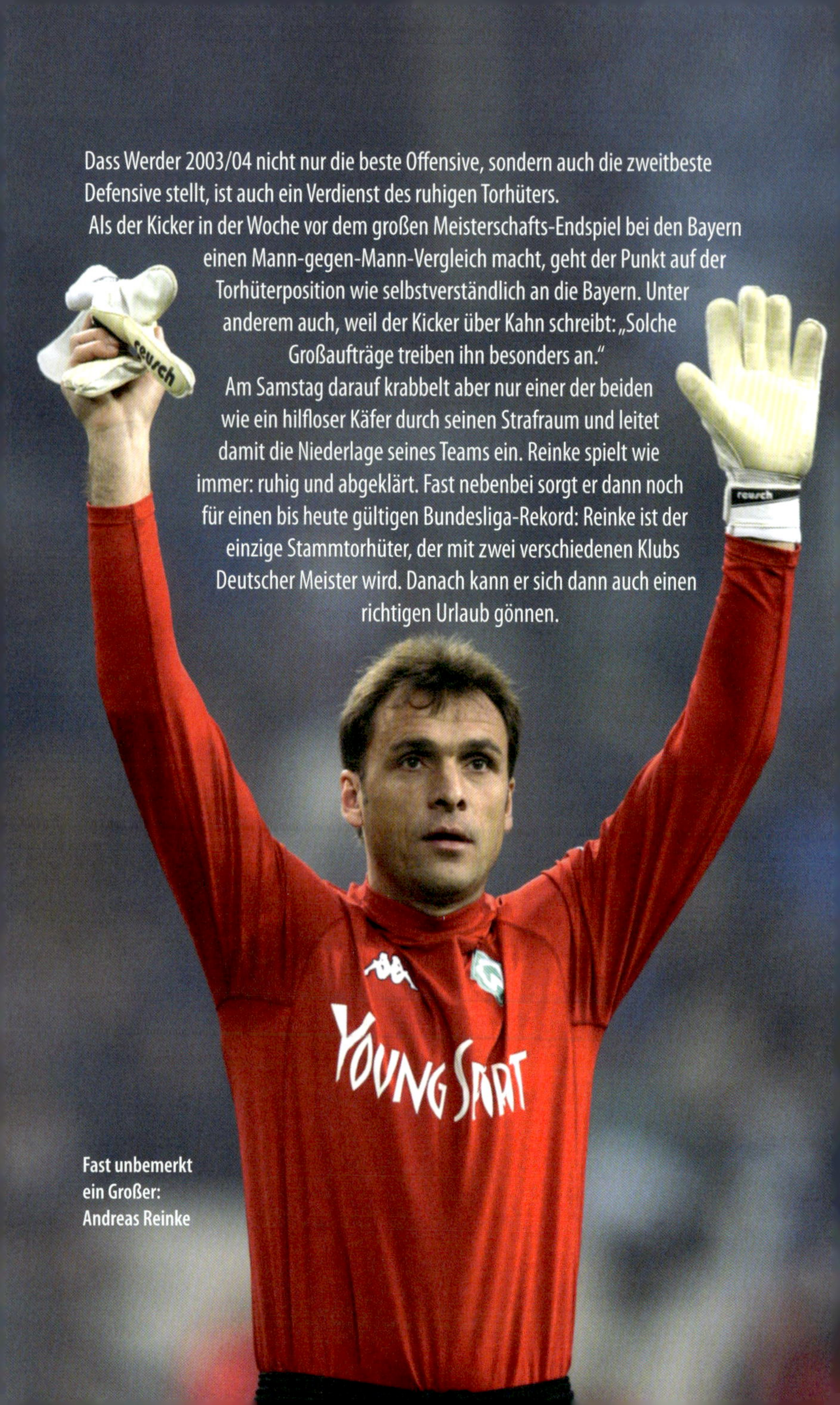

Fast unbemerkt ein Großer: Andreas Reinke

47 Ahnungslose und vier echte Experten

In der Woche vor dem 8. Mai 2004 gibt es in ganz Fußballdeutschland nur ein Thema: Das Spiel des SV Werder beim FC Bayern München – das ultimative Meisterschaftsduell. Netterweise erhöht Uli Hoeneß mit seiner Forderung, man „müsse Bremen niedermachen, richtig wegfegen", noch einmal die Fallhöhe für sein Team. Der Kicker am Donnerstag vor der Partie besteht gefühlt zur Hälfte aus Artikeln zu dieser Partie. Unter anderem geben 99 Prominente, Sportler und Ex-Fußballer ihre Tipps ab. Das Ergebnis ist erschreckend. 47 rechnen mit einem Bayern-Sieg, 41 trauen Werder zumindest ein Remis zu und nur elf der Befragten tippen auf eine Bremer Meisterschaft im Olympiastadion. Unter diesen elf wiederum befinden sich vier echte Experten, die einen 3:1-Auswärtssieg tippen. Respekt an Sönke Wortmann, Olaf Thon, Manfred Bockenfeld und Wolfgang Niedecken!
Olaf Thon wird sogar noch um eine kurze Einschätzung zum Spiel gebeten und trifft auch dort den Nagel auf den Kopf: „Die Bremer sind das mit Abstand beste Team der Liga: Sie spielen den besten Fußball, sie haben den besten Stürmer, Ailton. Die offensive Spielweise der Bayern wird gegen die konterstarken Bremer tödlich sein", schreibt der Weltmeister von 1990.
Nicht ganz so treffsicher mit seiner Einschätzung ist Bayern-Verteidiger Bixente Lizarazu, der im französischen Doppel-Interview mit Valérien Ismaël auf die Frage antwortet, ob Werder in München Meister werden kann: „Nein, unmöglich. Das können die Bremer vergessen." Von daher hat Arnd Zeigler natürlich Recht, wenn er in der Double-Hymne singt: „Was für ein Jahr, wir waren immer voll da – und machten Unmögliches wahr!"

Von Beckenbauer bis Stoiber: 47 glauben an die Bayern, nur 11 an Werder

Wie geht's aus? 99 Promis tippen das Topspiel

Franz Beckenbauer (Präsident FC Bayern)	2:1
Ottfried Fischer (Schauspieler, „Bulle von Tölz")	1:2
Markus Kavka (MTV-Moderator)	3:1
Günther Koch (BR-Radioreporter)	2:0
Manfred Breuckmann (WDR-Radioreporter)	3:3
Rainer Bonhof (Weltmeister 1974)	2:2
Dettmar Cramer (Ex-Bayern-Trainer)	2:2
Karl-Heinz Feldkamp (Ex-Bundesliga-Trainer)	2:2
Dieter Hildebrandt (Kabarettist)	0:0
Bodo Illgner (Weltmeister 1990)	3:3
Jorginho (Ex-Bayern-Spieler)	3:1
Brian Laudrup (Ex-Bayern-Spieler)	2:0
Jean-Marie Pfaff (Ex-Bayern-Torwart)	3:1
Marcel Reif (Premiere-Kommentator)	1:1
Erich Ribbeck (Ex-Bundestrainer)	2:1
Paulo Rink (Vitesse Arnheim)	1:0
Sönke Wortmann (Film-Produzent)	1:3
Hans-Peter Briegel (Albanischer Nationaltrainer)	1:1
Stefan Kuntz (Europameister 1996)	2:2
Mario Basler (Ex-Nationalspieler)	1:1
Django Asül (Kabarettist)	2:2
Jürgen Klinsmann (Weltmeister 1990)	2:1
Richard Rogler (Kabarettist)	1:2
Karl-Heinz Körbel (Bundesliga-Rekordspieler)	2:2
Martin Kind (Vorstandsvorsitzender Hannover 96)	1:1
Jürgen Röber (Ex-Spieler Bremen und Bayern)	2:1
Christian Nerlinger (Glasgow Rangers)	2:2
Thomas Helmer (Europameister 1996)	2:2
Thomas Berthold (Weltmeister 1990)	2:1
Stefan Kretzschmar (Handball-Nationalspieler)	3:1
Peter (Sänger der Sportfreunde Stiller)	4:2
Flo (Drummer der Sportfreunde Stiller)	0:0
Rüde (Bassist der Sportfreunde Stiller)	2:2

Heiner Brand (Handball-Bundestrainer)	1:1
Nia Künzer (Fußball-Weltmeisterin)	2:3
Jürgen Hingsen (Ex-Weltrekordhalter Zehnkampf)	2:2
Klaus Baumgart (Sänger, „Klaus & Klaus")	1:1
Dietmar Hamann (FC Liverpool)	1:0
Michael Tarnat (Manchester City)	3:0
Carsten Jancker (Udinese Calcio)	3:1
Christian Ziege (Tottenham Hotspur)	2:1
Olaf Thon (Weltmeister 1990)	1:3
Thomas Strunz (Europameister 1996)	2:2
Karlheinz Riedle (Weltmeister 1990)	1:1
Ludwig Kögl (Ex-Bayern-Spieler)	3:2
Rainer Zobel (Ex-Bayern-Spieler)	3:0
Georg Volkert (Ex-Nationalspieler)	2:1
Hans Zach (Eishockey-Bundestrainer)	1:1
Jupp Derwall (Ex-Bundestrainer)	2:2
Asgeir Sigurvinsson (Nationaltrainer Island)	2:0
Daniel Stephan (Handball-Nationalspieler)	3:1
Magdalena Brzeska (Ex-Meisterin Sportgymnastik)	2:1
Stephan Vuckovic (Olympiasilber im Triathlon)	4:1
Uschi Disl (Olympiasiegerin im Biathlon)	1:0
Wolfgang Wolf (Trainer 1. FC Nürnberg)	2:1
Toni Polster (95 Länderspiele für Österreich)	1:1
Sebastian Kehl (Borussia Dortmund)	2:2
Christoph Metzelder (Borussia Dortmund)	3:1
Michael Meier (Manager Borussia Dortmund)	2:2
Stefan Reuter (Borussia Dortmund)	1:1
Frank Busemann (Ex-Zehnkämpfer)	3:3
Hubert Schwarz (Extremausdauersportler)	2:1
Andreas Köpke (Europameister 1996)	2:2
Jörg Jaksche (Radprofi)	1:0
Jogi Löw (Trainer)	3:1
Michael Rich (Radprofi)	1:0

Danilo Hondo (Radprofi)	2:2
Roland Wohlfarth (Ex-Bayern-Spieler)	1:1
Oliver Kreuzer (Teammanager FC Basel)	4:1
Christian Gross (Trainer FC Basel)	3:1
Manfred Bockenfeld (Ex-Werder-Spieler)	1:3
Benno Möhlmann (Trainer Greuther Fürth)	1:2
Hans Dorfner (Ex-Bayern-Spieler)	3:1
Bernd Schuster (Ex-Nationalspieler)	2:0
Winfried Schäfer (Nationaltrainer Kamerun)	3:3
Giovane Elber (Olympique Lyon)	2:1
Anni Friesinger (Olympiasiegerin Eisschnelllauf)	2:1
Rudi Bommer (Trainer Wacker Burghausen)	1:2
Tobias Angerer (Skilangläufer)	2:1
Ricco Groß (Biathlon-Weltmeister)	3:1
Erik Zabel (Radprofi)	3:0
Karl-Heinz Wildmoser (Ex-Präsident 1860)	2:1
Jürgen Drews (Schlagersänger)	1:2
Carsten Ramelow (Bayer Leverkusen)	2:1
Reiner Calmund (Geschäftsführer Leverkusen)	2:2
Klaus Augenthaler (Trainer Bayer Leverkusen)	1:1
Jürgen Kohler (Sportdirektor Leverkusen)	3:2
Uwe Fellensiek (Schauspieler, „SK Kölsch")	2:2
Wolfgang Niedecken (Sänger, BAP)	1:3
Roland Koch (Ministerpräsident Hessen)	2:2
Laurenz Meyer (CDU-Generalsekretär)	2:2
Frank Biela (DTM-Pilot)	2:1
Otto Schily (Bundes-Innenminister)	2:2
Horst-Eberhard Richter (Friedensforscher)	1:1
Claudia Pechstein (Olympiasiegerin Eisschnelllauf)	2:0
Maurizio Gaudino (Ex-Nationalspieler)	3:1
Bernd Krauss (Trainer)	0:2
Helmut Krumminga (Gitarrist, BAP)	3:3
Dr. Edmund Stoiber (Ministerpräsident Bayern)	3:1

Alle Promitipps im Kicker

Meisterfeier ohne Schlüsselspieler

Valérien Ismaël ist einer der besten Transfers der Bremer Vereinsgeschichte und auch einer meiner persönlichen Lieblingsspieler. Spätestens seit dem Moment, als er in der Double-Saison am 28. Spieltag in Frankfurt in der Schlussphase per Elfmeter den Siegtreffer erzielt. Aufgepumpt mit Adrenalin klopft er sich auf die Brust, dass man Angst hat, er bricht sich selbst die Rippen. Dann legt er den Finger auf die Lippen und schickt einen Gruß Richtung München, wo die Abteilung Attacke um Uli Hoeneß schon länger Pfeile in den Norden schießt. Ich stehe auf der Tribüne und raste komplett aus. Es ist ein enorm wichtiger Sieg auf dem Weg zum Titel.
2011 darf ich mit ihm für die Bundesliga über ein Spiel sprechen, dass sogar noch ein wenig wichtiger war: Das Spiel bei den Bayern am 32. Spieltag. Es ist eines der angenehmsten Gespräche, das ich je mit einem Fußballer geführt habe.
Der französische Innenverteidiger geht nicht topfit in die Begegnung in München. Ausgerechnet in der Woche vor dem Titelduell ist er krank und kann kaum trainieren. „Aber um nichts in der Welt hätte ich diese Begegnung verpasst", erzählt er. 100 Prozent fit ist er nicht, aber für die Bayern reicht es an diesem Nachmittag allemal. Die Vorentscheidung leitet Ismaël mit einem abgefangenen Pass selbst ein

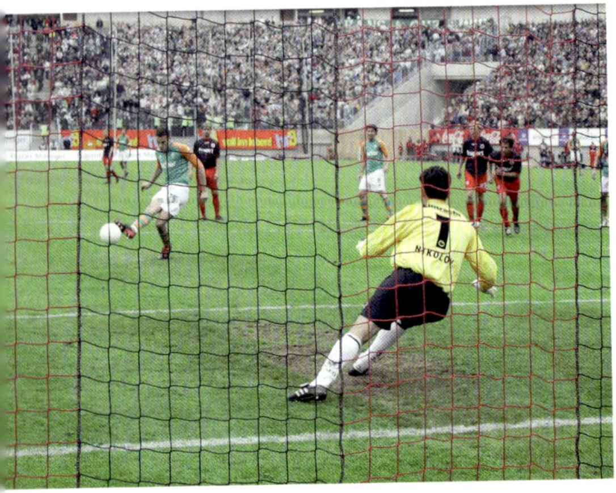

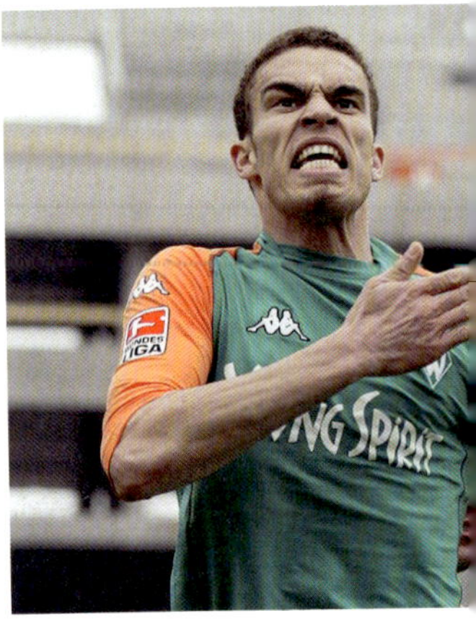

Wilde Entschlossenheit beim Elfmeter in Frankfurt: Valérien Ismaël … … verwandelt cool.

und dann versucht Aílton den Kunstschuss. „Das ist das Meistertor! Das ist das Meistertor!", brüllt der Brasilianer immer wieder in der Jubeltraube. Für Ismaël ist die Partie nach 71 Minuten aufgrund von Wadenkrämpfen beendet. Die Erkrankung hat doch ihre Spuren hinterlassen. Am Ergebnis ändert sich aber nichts mehr und Werder wird Deutscher Meister. Es folgt eine Riesensause von München nach Bremen, an der nur Valérien Ismaël nicht teilnehmen kann. Schon vor Wochen hatte er dem Aktuellen Sportstudio zugesagt und deshalb fliegt er nüchtern nach Mainz. Jetzt ist auch klar, wen Aílton bei seinem berühmten Ausbruch in München mit dem Wasser meint, als er sagt: „Champagne, Wasser, Bier brasilian. Müsse heute alles. Alle."
Während Ismaël trocken wie ein Martini in Mainz sitzt, sieht er die Feierbilder vom Bremer Flughafen und muss sich eingestehen, dass seine Kollegen, die ihn für verrückt erklärt hatten, an so einem Tag ins Sportstudio zu gehen, vielleicht doch Recht hatten. Nach dem Studio-Auftritt fliegt er sofort nach Bremen und stößt zu den Kollegen. Die sind schon ordentlich angeheitert, aber der ehrgeizige Ismaël will seinen Feierrückstand schnell aufholen. Und nach eigenen Angaben gelingt ihm dies auch.

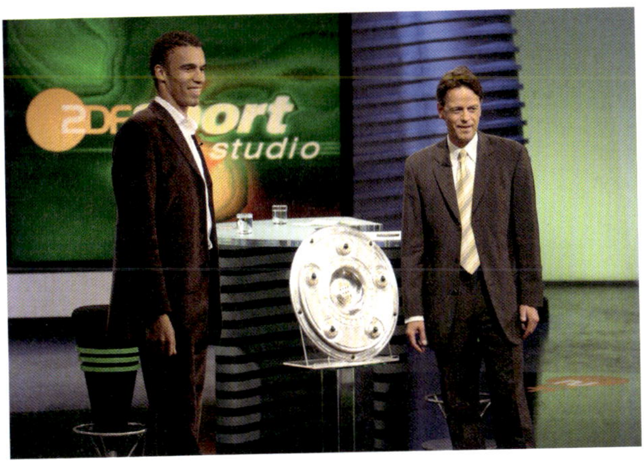

Alles feiert, Valérien Ismaël aber muss ins Aktuelle Sportstudio …

Der verwechselte Held

Es gibt positive und negative Momente, die sich allen Werder-Fans ins Gedächtnis gebrannt haben. Der verfluchte Kutzop-Elfer, Oli Kahns Krabbelstunde oder die Papierkugel im Volksparkstadion – alles ikonische Momente der Klubgeschichte. In dieser Liga rangiert für mich auch das Tor zum Klassenerhalt 2016 gegen Eintracht Frankfurt. Dieser Treffer kurz vor Schluss sorgte dann auch für eine Fehleinschätzung, die ich bis heute bereue.

Ich war vor diesem Spiel so nervös, dass ich extra einen Tag früher aus Köln angereist war. Schon vor dem Spiel war die Stimmung überwältigend. Die vom Werder-Fanclub „#TWERDER" ins Leben gerufene #greenwhitewonderwall hatte einen Stimmungsumschwung bei den Fans bewirkt und schon in den beiden Heimspielen zuvor beflügelte das die Mannschaft. Der Busempfang mit tausenden von Fans wird mir immer in Erinnerung bleiben.

Diesmal ist die Werder-Mannschaft aber nicht wie beflügelt, sondern alles wirkt wie gelähmt. Glücklicherweise macht es der Gegner auch nicht besser. Nervlich hätte ich das kaum ausgehalten, wenn ich nicht als Reporter für blinde und sehbehinderte Fans das Spiel hätte schildern dürfen. Ausnahmsweise mache ich das an diesem besonderen Tag im Trikot – es ist das einzige Mal in zehn Jahren, dass ich mich äußerlich offen parteiisch zeigte.

So bin ich bis zur 88. Minute noch relativ ruhig – zumal der VfB zurückliegt und selbst eine Niederlage nicht den Abstieg besiegelt hätte. Dann gibt es Freistoß im Mittelfeld, Junuzović schlägt den Ball weit nach vorne, Pizarro gewinnt das Kopfballduell und nach endlos scheinenden Sekunden landet der Ball irgendwie im Tor. Anthony Ujah reißt sich sofort das Trikot vom Leib und läuft jubelnd Richtung Mittellinie – und ich verliere – auch zum einzigen Mal in zehn Jahren – völlig die Beherrschung. Ich schreie nur noch ins Mikro. Erst zwölf Mal „Tor", dann fünf Mal „Ujah" und zum Abschluss noch zwölf Mal „Jaaa".

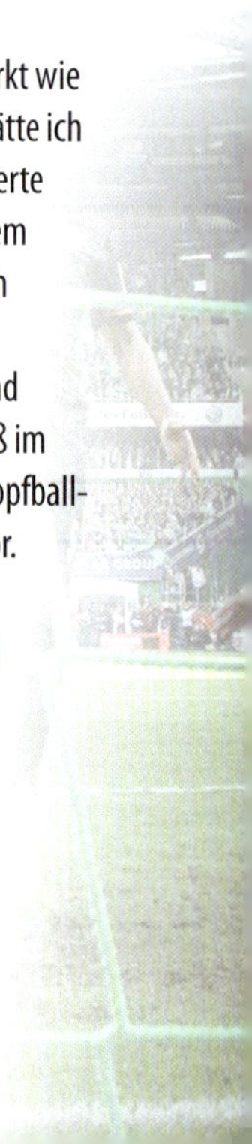

Die entscheidende Szene: Papy Djilobodji setzt sich gegen Frankfurts Abraham durch und erzielt das Tor.

Wir wissen heute natürlich alle, dass Papy Djilobodji den entscheidenden Treffer erzielt hat. Aber im Weserstadion weiß das zu diesem Zeitpunkt niemand. Ich bin nämlich nicht der einzige, der Ujah zum Helden kürt. Auch über die Stadionlautsprecher wird verkündet: „Torschütze ist der Spieler mit der Nummer 21: Anthony …" Ich hätte mir das Tor noch einmal auf der Anzeigetafel anschauen können – und das wäre auch die professionelle Variante gewesen, aber ich entscheide mich lieber dafür, wie von Sinnen von meinem Platz aufzuspringen und hinunter an die Bande zu laufen. Als ich wieder zu mir komme, bemerke ich, dass die Jubeltraube der Spieler genau auf meiner Höhe ist. Je nach Position des Fotografen bin ich so auf den Bildern mit drauf – mit völlig entrücktem Gesichtsausdruck. Ich weiß nicht mehr, wann der richtige Torschütze zu mir durchgedrungen ist, aber noch beim Platzsturm nach der Partie – an dem ich, Hüstel, natürlich nicht teilgenommen habe – wird Ujah mit Sprechchören gefeiert. Bis heute ärgere ich mich, dass meine Zuhörer da nicht mit Djilobodji-Rufen entgegensteuern konnten.

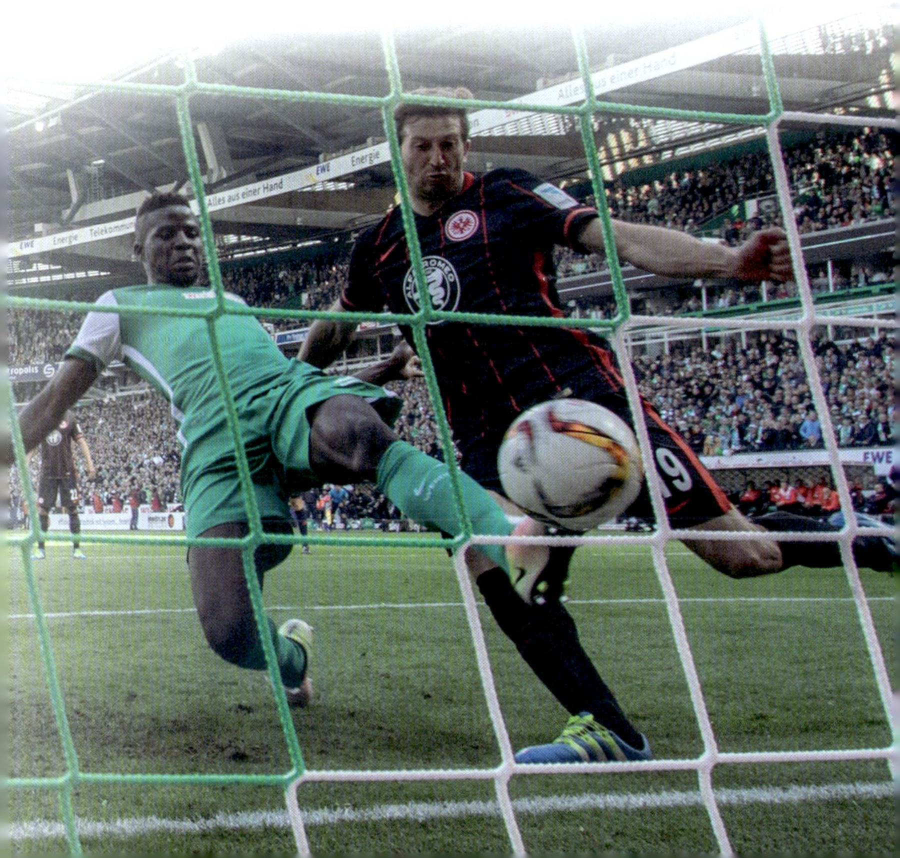

Aha! Extra

Maximal bescheiden

Im Sommer 2016 bin ich beim Medientag des SV Werder Bremen unterwegs. Eigentlich soll ich für den Social-Media-Auftritt eines großen Fußballportals Claudio Pizarro auf Schritt und Tritt begleiten, aber der Peruaner ist wenig überraschend der gefragteste Mann im Team. Er muss ständig Sonderwünsche erfüllen und kleine Werbesprüche für die Bundesliga in unzähligen Sprachen aufsagen. Dann stößt er immer wieder zu seiner Gruppe, die ich durchs Weserstadion begleite. Neben Pizarro sind da unter anderem Philipp Bargfrede, Aron Jóhannsson und auch der ganz junge Maximilian Eggestein dabei. An diesem Tag werden zudem Clips für EA SPORTS produziert. Die Spieler sollen dabei sagen, welche Stärke sie selbst in FIFA 17 haben sollten und dürfen anschließend noch Werte für ihre Mitspieler nennen. Soweit, so langweilig. Aron Jóhannsson macht den Anfang und gibt sich selbst nach ein wenig rumdrucksen 75 von 99 möglichen Punkten. Damit ist das Ding für seine Kollegen auch erledigt und alle geben sich ebenfalls eine 75. Zumindest fast alle. „67" sagt Maximilian Eggestein, als er an der Reihe ist und bringt damit die Moderatorin kurz aus dem Tritt. Prompt muss sich der 19-Jährige für diese Einschätzung rechtfertigen. „Ich muss noch viel lernen und einiges verbessern. Ich bin noch nicht so weit", erklärt Eggestein sinngemäß. Mich hat das damals extrem beeindruckt, denn es wäre das einfachste auf der Welt gewesen, sich einfach seinen Mitspielern anzuschließen. Und es kommt an diesem Nachmittag für mich besonders überraschend, da sich zuvor schon Neuzugang Thanos Petsos selbst als einen Spielertypen wie Toni Kroos beschreibt. Seit diesem Tag hat der „große" Eggestein ein Stein bei mir im Brett. Bei FIFA 21 hat er übrigens ein Rating von 76. Das von Aron Jóhannsson liegt bei 69.

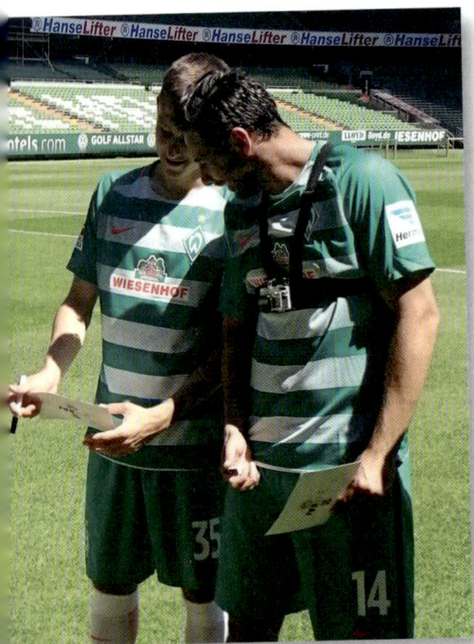

„Nur eine 67?" – Claudio Pizarro amüsiert sich über den bescheidenen Maximilian Eggestein.

Vom unbeschriebenen Blatt zur Werder-Legende

„Und schon wieder kein Finale – HSV."
Gesang der Werder-Fans nach dem 3:2-Sieg in Hamburg.

„Ein Papierball bringt die Entscheidung für Werder Bremen – was ist das für ein verrücktes Fußballspiel."
Kommentator Erich Laaser nach dem 3:1 durch Frank Baumann.

„Die Papierkugel hatten wir uns wirklich verdient."
Torsten Frings

„Papierkugel kegelt HSV raus."
BZ

„Papierkugel ebnet HSV-Aus gegen Bremen."
Kicker

„Hamburg gibt sich die Kugel."
Spiegel

„Eigene Fans lassen HSV stolpern."
NWZ

„Ein Papierknäuel half Werder ins Finale."
Der Standard

„Papierkugel sei Dank: Bremen sticht HSV aus."
Handelsblatt

Die Klugscheißer-Traumelf

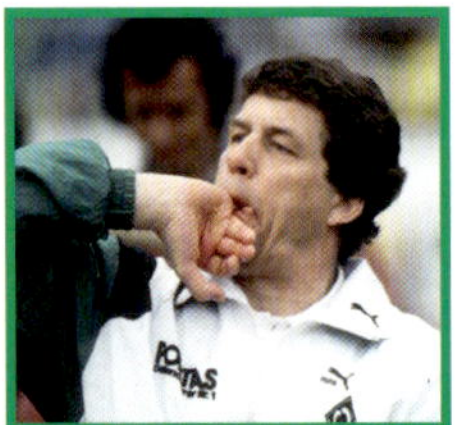

Otto Rehhagel

Geboren: 09.08.1938

Bei Werder: 1976, 1981–1995

Der Name „König Otto" war nicht übertrieben, denn Rehhagel war Alleinherrscher im sportlichen Bereich. Hatte ein Wahnsinnsgespür für Spieler, was Werder mit ihm fünf Titel bescherte.

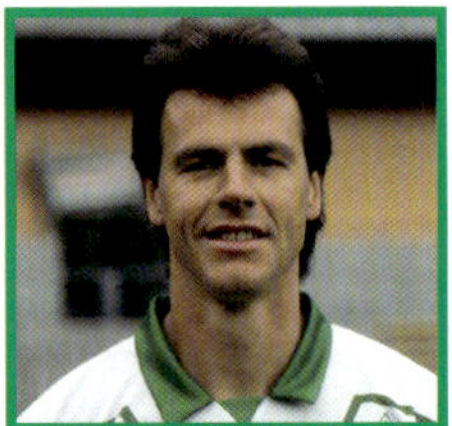

Rune Bratseth

Geboren: 19.03.1961

Bei Werder: 1987–1994

Überzeugte im Probetraining gegen Rudi Völler, kam für kleines Geld und war jahrelang einer der besten Liberos der Welt. Fünf Titel in sieben Jahren mit Werder.

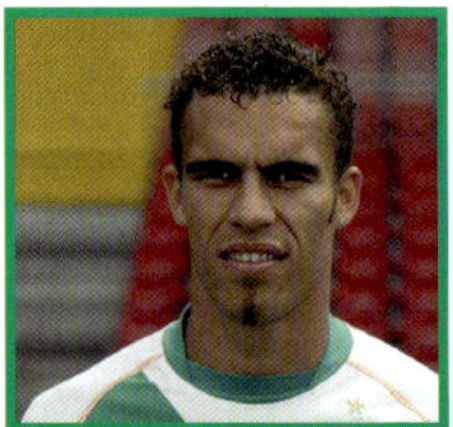

Valérien Ismaël

Geboren: 20.09.1975

Bei Werder: 2003–2005

Galt als schwieriger Profi, integrierte sich aber in Rekordzeit und war in der Doublesaison ein ganz wichtiger Eckpfeiler. Brachte beim Abschied noch eine enorme Rendite.

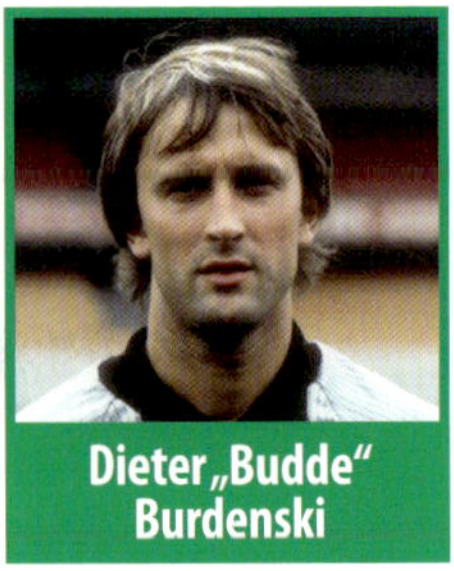

Dieter „Budde" Burdenski

Geboren: 26.11.1950

Bei Werder: 1972–1988

Werders Rekordspieler in der Bundesliga (444 Einsätze). Machte kaum Fehler und blieb 110 Mal ohne Gegentor. Wurde in seinem letzten Profijahr 1988 als Ersatzkeeper Deutscher Meister.

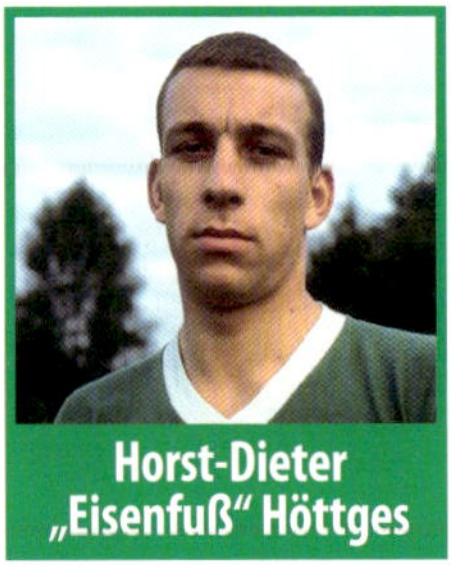

Horst-Dieter „Eisenfuß" Höttges

Geboren: 10.09.1943

Bei Werder: 1964–1978

Bei der Nationalmannschaft legte der Eisenfuß Weltstars an die Leine, am Wochenende schmiss er sich mit Werder – zumeist im Abstiegskampf – in jeden Zweikampf.

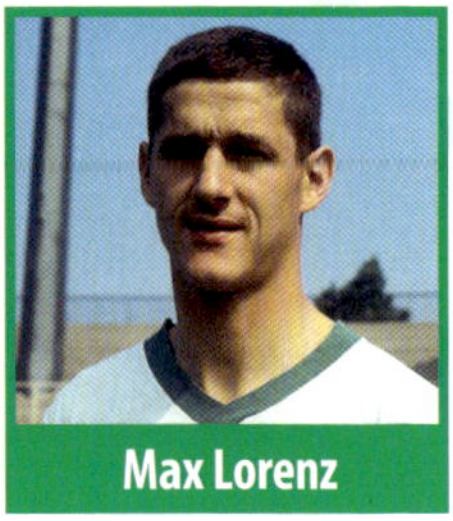

Max Lorenz

Geboren: 19.08.1939

Bei Werder: 1960–1969

Vom SV Hemelingen in die große Fußballwelt. Die Stimmungskanone im Team und auch deshalb enorm wichtig. Sein Weggang leitete den schleichenden Niedergang ein.

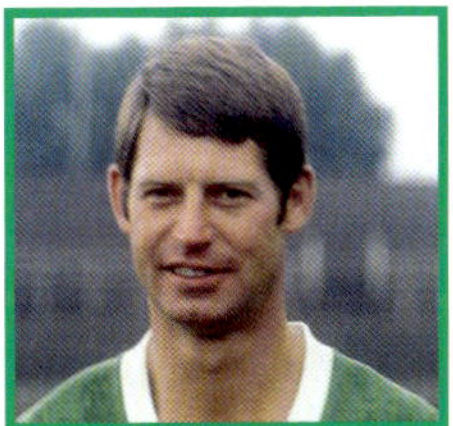

Arnold „Pico" Schütz

Geboren: 19.01.1935, † 14.04.2015

Bei Werder: 1955–1972

Einer der besten und vielseitigsten Spieler der Werder-Geschichte – und eine große Persönlichkeit. Pico ist ohne Zweifel der Kapitän der Klugscheißer-Elf.

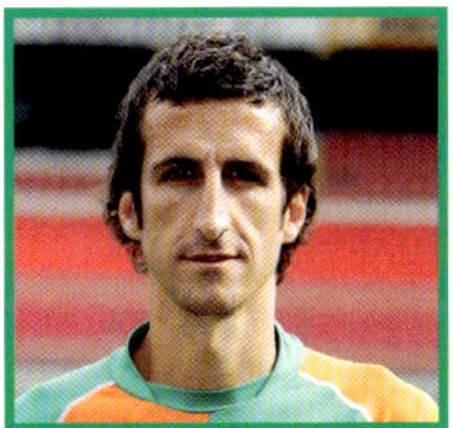

Johan „Le Chef" Micoud

Geboren: 24.07.1973

Bei Werder: 2002–2006

Spielte dreidimensionales Schach, während andere mit Dame überfordert waren. Nicht besonders sprintstark, dafür aber extrem schnell im Kopf. Bester rechter Fuß der Werder-Geschichte.

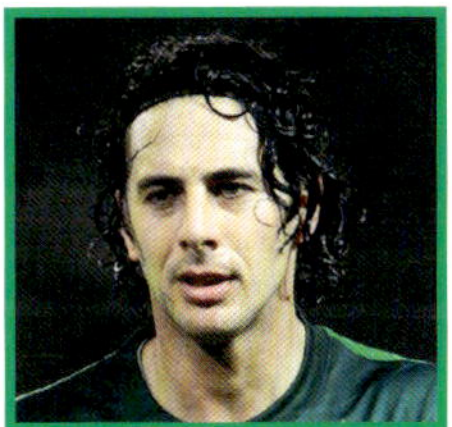

Claudio Pizarro

Geboren: 03.10.1978

Bei Werder: 1999–2001, 2008–2012, 2015–2017, 2018–2020

Werders Rekordschütze und vermutlich clubübergreifend der beliebteste Spieler der Bundesliga-Geschichte. Sein Verkauf 2001 ermöglichte den Aufbau der Double-Elf.

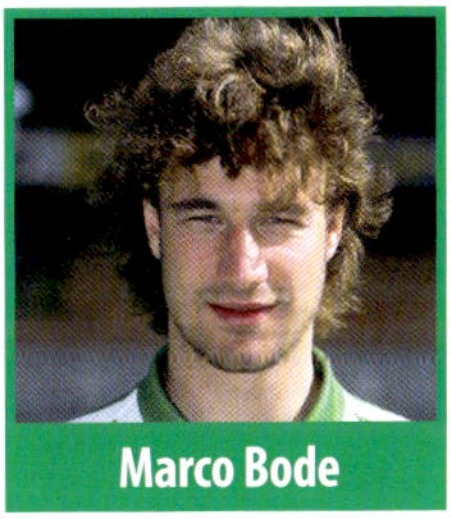

Marco Bode

Geboren: 23.07.1969

Bei Werder: 1988–2002

Kam mit 19 aus der Landesliga zu Werder und brauchte ein Jahr bis zum Durchbruch. Obwohl als Chancentod verschrien, erzielte er als erster Werder-Spieler 100 Bundesliga-Tore.

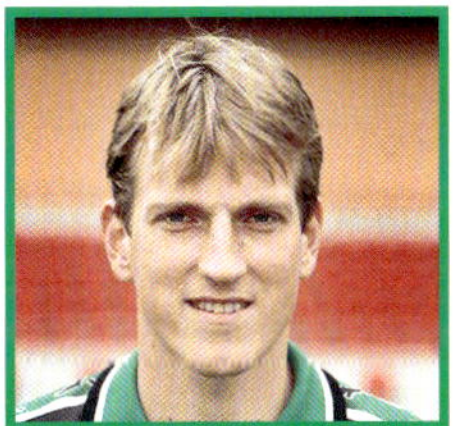

Andreas „Herzl" Herzog

Geboren: 10.09.1968

Bei Werder: 1992–1995, 1996–2001

Vom Boulevard vor seinem Wechsel nach Bremen „Alpen-Maradona" getauft, machte er diesem Namen alle Ehre. Bester linker Fuß der Werder-Geschichte.

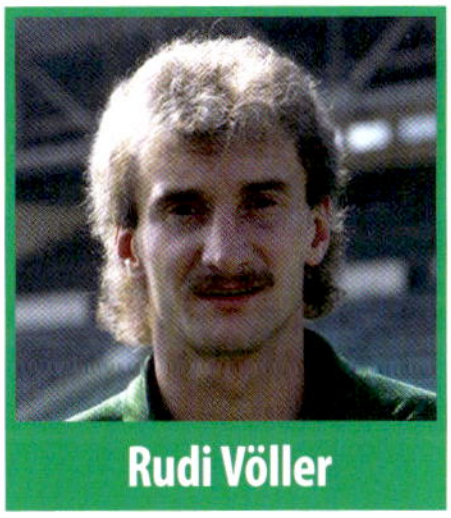

Rudi Völler

Geboren: 13.04.1960

Bei Werder: 1982–1987

137 Bundesliga-Spiele, 97 Treffer – „Tante Käthe" hat bis heute die beste Torquote aller Werder-Spieler. Sein Verkauf 1987 ermöglichte die Modernisierung des Weserstadions.

Das Klugscheißer-Quiz für echte Werder-Experten

1 Welcher Bremer wurde als erster Ausländer zu Deutschlands Fußballer des Jahres gewählt?

A Andreas Herzog
B Ailton
C Johan Micoud

2 Werder ist mittlerweile der Klub mit den meisten Bundesliga-Spielen. Auf Platz 2 folgt der FC Bayern München. Wie viele Partien hat Bremen in dieser Statistik Vorsprung?

A 34
B 30
C 26

3 Welchen Bundesliga-Rekord hält Nelson Valdez?

A Jüngster Doppelpacker
B Schnellstes Jokertor
C Spätester Torschütze

4 Der erste Bundesliga-Treffer der Historie fiel in Bremen. Timo Konietzka traf für Borussia Dortmund. Noch vor der Pause machte Werder das 1:1. Wer war der erste Bremer Torschütze in der Bundesliga?

A Willi Soya
B Pico Schütz
C Max Lorenz

5 Claudio Pizarro ist der erfolgreichste Bremer Torschütze in der Bundesliga und damit natürlich auch der treffsicherste Ausländer der Klubgeschichte. Aber welcher ausländische Spieler absolvierte die meisten Bundesliga-Einsätze für Werder?

A Rune Bratseth
B Theo Gebre Selassie
C Wynton Rufer

6 Und welcher Spieler kam insgesamt 444 Mal und damit am häufigsten für Werder in der Bundesliga zum Einsatz?

A Dieter Burdenski
B Horst-Dieter Höttges
C Dieter Eilts

7 In welchem Jahr wurde der SV Werder gegründet?

A 1888
B 1899
C 1909

8 Wen löste Claudio Pizarro 2016 als erfolgreichsten Bremer Torschützen in der Bundesliga ab?

A Marco Bode
B Ailton
C Rudi Völler

9 2009 holte Werder den bislang letzten Titel. Wer schoss im Pokalfinale gegen Leverkusen das Goldene Tor?

A Diego
B Claudio Pizarro
C Mesut Özil

Aha

10 **Vier Mal stellte Werder den Torschützenkönig in der Bundesliga. Neben Rudi Völler (1982/83), Ailton (2003/04) und Miroslav Klose (2005/06) schaffte dies auch:**

A Wynton Rufer
B Mario Basler
C Claudio Pizarro

11 **1961 holte Werder mit dem Gewinn des DFB-Pokals den ersten nationalen Titel. Gegen wen setzten sich die Bremer im Finale mit 2:0 durch?**

A FC Schalke 04
B 1. FC Kaiserslautern
C Borussia Dortmund

12 **30 Jahre später gewann Werder zum zweiten Mal den DFB-Pokal. Im Finale gegen den 1. FC Köln musste das Elfmeterschießen entscheiden. Wer versenkte damals den entscheidenden Elfer?**

A Uli Borowka
B Wynton Rufer
C Uwe Harttgen

13 **Bernd Hobsch hatte einen für Stürmer nicht so schmeichelhaften Spitznamen. Wie wurde der Meister von 1993 genannt?**

A Krampe
B Chancentod
C Blindfisch

14 **In seiner ersten Zeit bei Werder brachte es Max Kruse nur auf einen einzigen Bundesliga-Einsatz. Gegen welchen Klub durfte er bei einem 8:1-Heimsieg eine knappe halbe Stunde ran?**

A 1. FSV Mainz 05
B Arminia Bielefeld
C Hansa Rostock

15 **1992 gewann der SV Werder den Europapokal der Pokalsieger. Im Finale gab es einen 2:0-Erfolg gegen den AS Monaco. In welcher Stadt fand das Endspiel statt?**

A Istanbul
B Mailand
C Lissabon

16 **Welcher Spieler war im Finale des Europapokals der Pokalsieger 1992 mit einem Tor und einer Vorlage der Matchwinner?**

A Klaus Allofs
B Wynton Rufer
C Frank Neubarth

17 **Wie heißt das Lokal, in dem Werder Bremen – zunächst unter dem Namen FV Werder – gegründet wurde?**

A Bootshaus am Weserbogen
B Kuhhirte
C Jürgenshof

18 **Mit dem Verkauf von Rudi Völler 1987 konnte der SV Werder endlich die Nordtribüne modernisieren. Zu welchem Klub wechselte Ruuuudi?**

A Inter Mailand

B Lazio Rom

C AS Rom

19 **Nach dem Gewinn der Meisterschaft 1964 sorgten zwei Bremer Spieler für die erste Meisterglatze der Bundesliga – und bekamen dafür gutes Geld von einem Sponsor. Die Bremer Glatzenträger waren Klaus Matischak und …**

A Max Lorenz

B Pico Schütz

C Horst-Dieter Höttges

20 **Am 22. Spieltag der Saison 2018/19 wurde Claudio Pizarro durch sein spätes Freistoßtor beim 1:1 bei Hertha BSC zum ältesten Torschützen der Bundesliga-Historie. Welchen anderen Werderaner löste der Peruaner an diesem Tag ab?**

A Manni Burgsmüller

B Pico Schütz

C Mirko Votava

21 **Claudio Pizarro ist der älteste Bremer Torschütze in der Bundesliga. Aber wer ist der jüngste?**

A Josh Sargent

B Aaron Hunt

C Tom Trybull

22 **Und wer ist der jüngste Bundesliga-Spieler der Klubgeschichte?**

A Thomas Schaaf

B Nick Woltemade

C Maximilian Eggestein

23 **Der 3:2-Endspielsieg im DFB-Pokal gegen Alemannia Aachen machte 2004 das Double und damit die erfolgreichste Saison der Klubgeschichte perfekt. Wer schnürte gegen den damaligen Zweitligisten einen Doppelpack?**

A Tim Borowski

B Fabian Ernst

C Ivan Klasnic

24 **Willi Schröder war einer der wichtigsten Bremer Spieler in den fünfziger Jahren. Wie lautete der Spitzname des ehemaligen Nationalspielers?**

A Keule

B Chef

C Krümel

25 **Insgesamt 15 Spieler erzielten in der Bundesliga über 50 Treffer für Werder. Welcher Akteur erreichte diese Marke bereits nach 71 Einsätzen und damit am schnellsten?**

A Rudi Völler

B Miroslav Klose

C Claudio Pizarro

26 **Wie hieß der SV Werder Bremen bei seiner Gründung?**

A FV Werder

B FC Werder

C SC Werder

27 **1981 wurde Willi Lemke Manager in Bremen. Wer war Lemkes Vorgänger?**

A Sepp Piontek

B Rudi Assauer

C Klaus Matischak

28 **Richard Ackerschott, Pico Schütz, Horst-Dieter Höttges, Dieter Burdenski, Dieter Eilts, Frank Baumann und Clemens Fritz sind alles Ehrenspielführer des SV Werder. Ein Spieler fehlt aber in dieser Liste. Welcher?**

A Marco Bode

B Mirko Votava

C Thomas Schaaf

29 **1988 sicherte sich Werder durch einen 1:0-Auswärtssieg am 31. Spieltag die erste Deutsche Meisterschaft seit 1965. Bei welchem Klub landete das Rehhagel-Team den entscheidenden Sieg?**

A VfB Stuttgart

B 1. FC Kaiserslautern

C Eintracht Frankfurt

30 **Aad de Mos folgte nach 14 Jahren Rehhagel 1995 auf König Otto, musste aber relativ schnell wieder gehen. Wer beerbte den Niederländer?**

A Wolfgang Sidka

B Dixie Dörner

C Felix Magath

Quizlösungen

1 = **B** Ailton
2 = **C** 26
3 = **C** Spätester Torschütze
4 = **A** Willi Soya
5 = **B** Theo Gebre Selassie
6 = **A** Dieter Burdenski
7 = **B** 1899
8 = **A** Marco Bode
9 = **C** Mesut Özil
10 = **B** Mario Basler
11 = **B** 1. FC Kaiserslautern
12 = **A** Uli Borowka
13 = **C** Blindfisch
14 = **B** Arminia Bielefeld
15 = **C** Lissabon
16 = A Klaus Allofs
17 = **B** Kuhhirte
18 = **C** AS Rom
19 = **A** Max Lorenz
20 = **C** Mirko Votava
21 = **B** Aaron Hunt
22 = **B** Nick Woltemade
23 = **A** Tim Borowski
24 = **C** Krümel
25 = **B** Miroslav Klose
26 = **A** FV Werder
27 = **B** Rudi Assauer
28 = **A** Marco Bode
29 = **C** Eintracht Frankfurt
30 = **B** Dixie Dörner

Klugscheißer-Sprüche zu Werder Bremen

„Hier kann jeder sagen, was ich will!"

Otto Rehhagel über seinen Führungsstil, den er demokratische Diktatur nannte

„Es kann nicht sein, dass ein Stürmer auf der linken Verteidigerposition spielen muss. Bis er wieder in der Spitze ist, ist es dunkel und das Flutlicht aus."

Thomas Schaaf über die Rollenverteilung in seinem Team

„Ich spiele weiterhin mit Risiko. Schließlich profitieren alle davon: Wir, das Publikum und auch der Gegner."

Werders erfolgloser Trainer Aad de Mos über die Spielweise seines Teams

„Ich habe nichts gegen das Wort Europa – ich bin ja nicht die AfD."

Alexander Nouri zu den Bremer Chancen auf die Europa League

„Manche Vereine sparen und drehen die Mark zweimal um. Bei Werder wird sogar jeder Pfennig geröntgt."

Willi Lemke über die Bremer Finanzpolitik

„Ich muss erst einmal schauen, ob mein Wikipedia-Eintrag auf dem neuesten Stand ist."

Thomas Delaney nach drei Toren in Freiburg

„Das, was Toni macht, könnte man als bezahlten Urlaub bezeichnen. Er macht Urlaub und bezahlt dafür."

Thomas Schaaf über den wieder einmal verspätet aus dem Urlaub kommenden Ailton

„Basler hat ja gesagt, der 2. Platz ist auch schön – kann er ja jetzt mit dem 2. Platz ein wenig rumfeiern."

Torsten Frings nach dem Pokalfinale 1999